満点ゲットシリーズ せいかつプラス

ちびまる子ちゃんの整理整《せい》とん

キャラクター原作／さくらももこ
監修／沼田晶弘 東京学芸大学附属世田谷小学校教諭

ちびまる子《こ》ちゃんの

整《せい》理《り》整《せい》とん

もくじ

ちびまる子《こ》ちゃんと なかまたち

戸川先生《とがわせんせい》
クラスの担任《たんにん》の先生《せんせい》。
はまじ
おもしろい男子《だんし》。
丸尾《まるお》くん
「ズバリ」が口《くち》ぐせ。
小杉《こすぎ》
食《く》いしんぼう。
永沢《ながさわ》くん
暗《くら》い。
野口《のぐち》さん
お笑《わら》い好《ず》きな暗《くら》い少女《しょうじょ》。
花輪《はなわ》クン
お金持《かねも》ちの、おぼっちゃま。
みぎわさん
花輪《はなわ》クンにお熱《ねつ》。
前田《まえだ》さん
短気《たんき》でいばっている。
かよちゃん
杉山《すぎやま》くんを好《す》き。
たまちゃん
まる子《こ》の親友《しんゆう》。

監修《かんしゅう》 ぬまっち からのメッセージ

工夫《くふう》をすれば、できるようになる！

ボクは片《かた》づけが苦手《にがて》です。気《き》がつくと、机《つくえ》の上《うえ》はものでいっぱい。「使《つか》ったらもどす、すぐ片《かた》づける」。かんたんそうに聞《き》こえるけれど、苦手《にがて》な人《ひと》はなかなかできないものだよね。

そこで、まわりの人《ひと》にアドバイスをもらっているうちに、あることに気《き》づいたんだ。それは、整《せい》理《り》整《せい》とんが上手《じょうず》な人《ひと》は「ワザ」や「コツ」をたくさん知《し》っている、ということ。

整《せい》理《り》整《せい》とんが苦手《にがて》な人《ひと》は、いざ整《せい》理《り》整《せい》とんをはじめても、コツがわからないから時間《じかん》がかかり、うまくいかないからやる気《き》も続《つづ》かない。でも、自分《じぶん》の弱点《じゃくてん》を知《し》って別《べつ》の作戦《さくせん》を考《かんが》えてみたら、できるようになったりするもの。自分《じぶん》に合《あ》う「やりかた」を見《み》つけて工夫《くふう》する力《ちから》は、仕事《しごと》や勉強《べんきょう》のときにも、とても役《やく》に立《た》つんだ。

この本《ほん》には、整《せい》理《り》整《せい》とんの「ワザ」や「コツ」がいっぱいつまっているよ。これを読《よ》んで、工夫《くふう》しながら楽《たの》しく片《かた》づけよう！

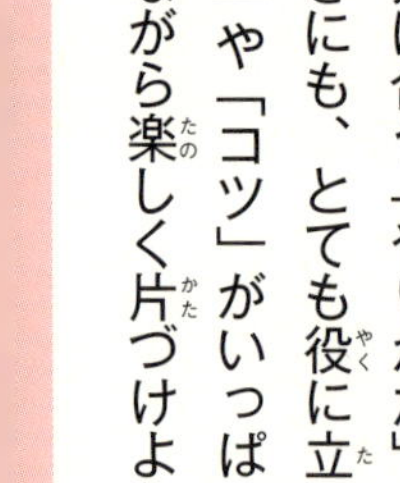

〈監修《かんしゅう》〉東京学芸大学附属《とうきょうがくげいだいがくふぞく》 世田谷小学校教諭《せたがやしょうがっこうきょうゆ》

沼田晶弘《ぬまたあきひろ》先生《せんせい》（ぬまっち）

1975年《ねん》、東京都《とうきょうと》生まれ。東京学芸大学教育学部卒業後《とうきょうがくげいだいがくきょういくがくぶそつぎょうご》、アメリカ・インディアナ州立《しゅうりつ》ボールステイト大学大学院《だいがくだいがくいん》で学《まな》び、スポーツ経営学《けいえいがく》の修士課程《しゅうしかてい》を修了後《しゅうりょうご》、同大学職員《どうだいがくしょくいん》などを経《へ》て、2006年《ねん》から現職《げんしょく》。児童《じどう》の自主性《じしゅせい》・自立性《じりつせい》を引《ひ》き出《だ》す斬新《ざんしん》でユニークな授業《じゅぎょう》が話題《わだい》に。著書《ちょしょ》に『「変《へん》」なクラスが世界《せかい》を変《か》える！』（中央公論新社《ちゅうおうこうろんしんしゃ》）『「やる気《き》」を引《ひ》き出《だ》す黄金《おうごん》ルール』（幻冬舎《げんとうしゃ》）など。

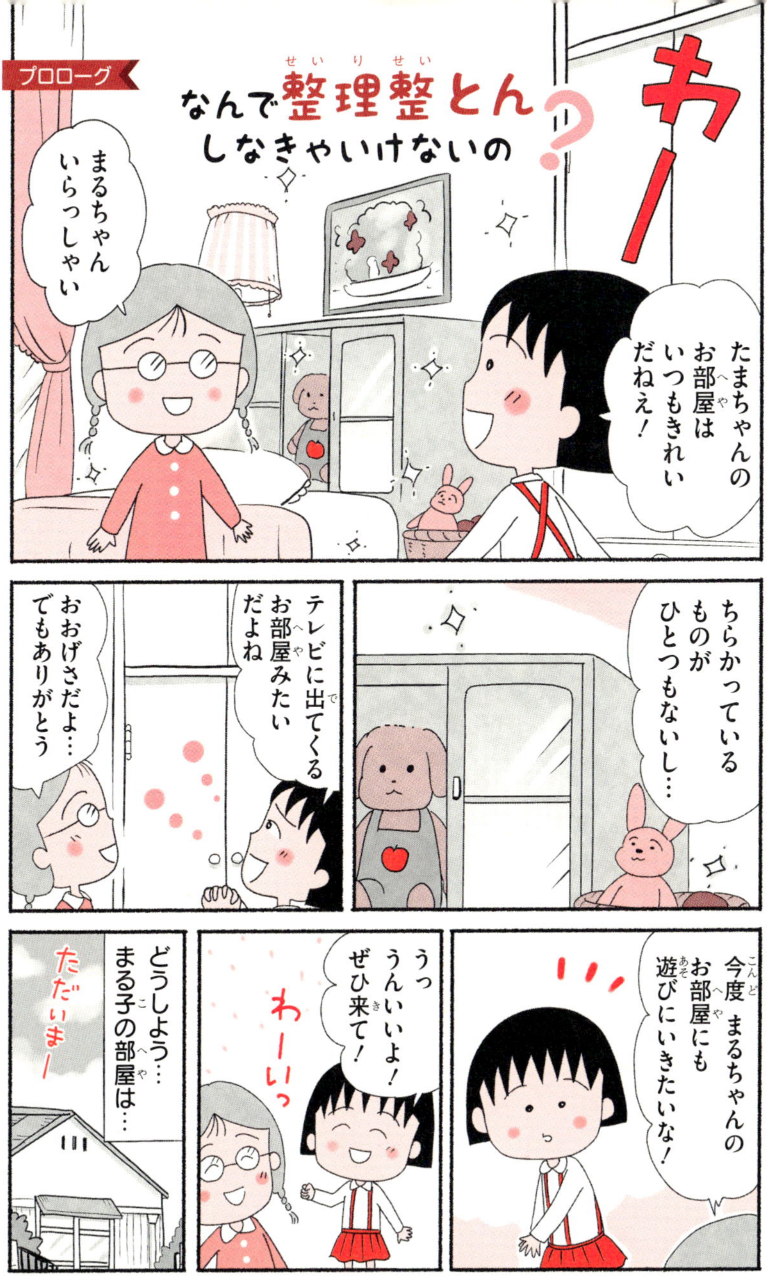
プロローグ
なんで整《せい》理《り》整《せい》とんしなきゃいけないの？
わー！
たまちゃんのお部屋《へや》はいつもきれいだねえ！
まるちゃんいらっしゃい
ちらかっているものがひとつもないし…
テレビに出《で》てくるお部屋《へや》みたいだよね
おおげさだよ…でもありがとう
今度《こんど》まるちゃんのお部屋《へや》にも遊《あそ》びにいきたいな！
うっうんいいよ！ぜひ来《き》て！
わーいっ
どうしよう…まる子《こ》の部屋《へや》は…
ただいまー

……
ぐちゃ〜
あいかわらず見《み》られたもんじゃないね
どうしたらいいかなたまちゃんが来《き》たら…
そうだ！
こうして
ざざーっ
ここからこっちがまる子《こ》の部屋《へや》あっちはお姉《ねえ》ちゃんの部屋《へや》ってことにしよう！

ちょっと！なにしてんのよ！
ヒッ
へんなこと してないで これ片《かた》づけてよ！
んなこと いわれたって…
いったい どうすれば…
ギューギュー
ポロ ポロ
まずい このままじゃ たまちゃん 呼《よ》べないよ…
行くね！
あら えらいじゃない ようやく片《かた》づけ はじめたの
お母《かあ》さん！ もっと おしいれ 大《おお》きくしてよ！

部屋《へや》をきれいにする4つのステップ

1 整理《せいり》

いるものといらないものに分《わ》けて、いらないものを手《て》ばなす。

2 整《せい》とん

いるものを使《つか》いやすいように置《お》き場所《ばしょ》を決《き》めて、しまう。

3 片《かた》づけ

使《つか》ったものを置《お》き場所《ばしょ》にもどす、新《あたら》しくふえたものの置《お》き場所《ばしょ》を決《き》める。

4 そうじ

よごれをふいたり、そうじ機《き》をかけたりする。

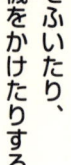

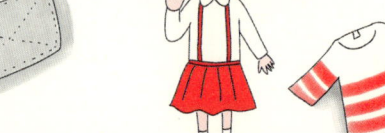

正《ただ》しい手順《てじゅん》で整理整《せいりせい》とんをすれば
ちらかった状態《じょうたい》にもどらずにすむのよ
う～ん…
でも なんだかむずかしそうだなァ
でも一度《いちど》ルールを覚《おぼ》えちゃえばずっと片《かた》づけやすい部屋《へや》でいられるわよね？
そのとおり！
それにもし部屋《へや》がきれいになったらどんないいことがある？
部屋《へや》が広《ひろ》く感《かん》じて気持《きも》ちいいかも…！
ものをなくして探《さが》すのにあわてることがなくなるね！
でしょ？

整理整《せいりせい》とんすることで……

「いるもの」「いらないもの」を判断《はんだん》する
「手《て》ばなそう」と決断《けつだん》する

↓

自分《じぶん》で考《かんが》える力《ちから》がつく

これはもう使《つか》わないからすてよう

ものごとを順序《じゅんじょ》だてて計画《けいかく》する

↓

目標《もくひょう》に向《む》かって行動《こうどう》し、やりとげる力《ちから》がつく

カンペキだねっ
計画表

自分《じぶん》の持《も》っているものを大切《たいせつ》にする

↓

自信《じしん》や感謝《かんしゃ》の気持《きも》ちを持《も》てる

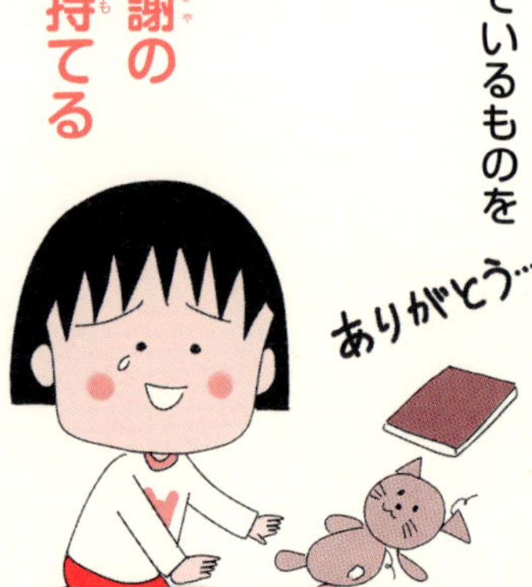
ありがとう…!

本当《ほんとう》に自分《じぶん》に必要《ひつよう》なものがわかる

↓

自分《じぶん》が本当《ほんとう》にやりたいことが見《み》つかる

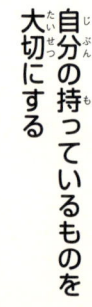

パァアアア
こんなふうになれたら
すごいぞまる子《こ》…！
自分《じぶん》がどんな部屋《へや》でどんなふうにすごしたいのか
理想《りそう》のくらしを思《おも》いえがいてみるといいわね…！
理想…
わたしはきれいに片《かた》づいた自分《じぶん》の机《つくえ》で
紅茶《こうちゃ》を飲《の》みながら詩集《ししゅう》を読《よ》みたいな
まる子《こ》は…

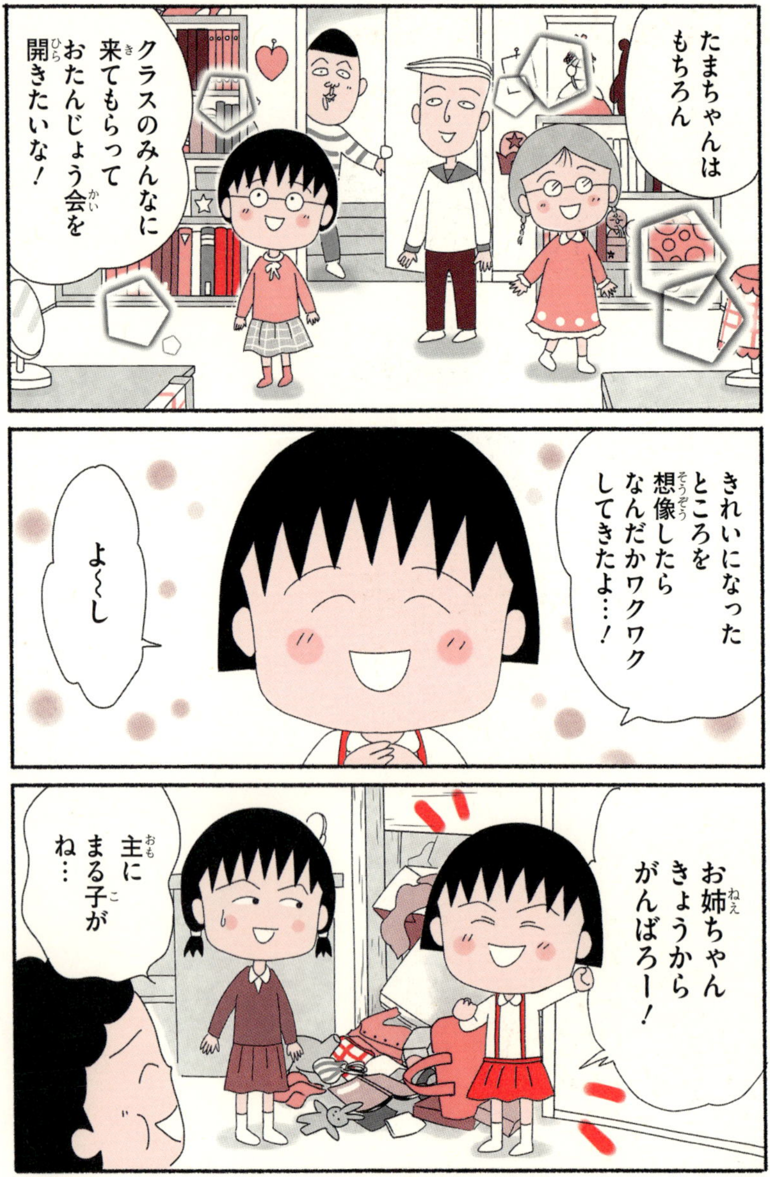
たまちゃんはもちろん
クラスのみんなに来《き》てもらっておたんじょう会《かい》を開《ひら》きたいな！
きれいになったところを想像《そうぞう》したらなんだかワクワクしてきたよ…！
よ〜し
お姉《ねえ》ちゃんきょうからがんばろー！
主《おも》にまる子《こ》がね…

書《か》きこみ式《しき》 1　整理整《せいりせい》とん　夢《ゆめ》をかなえるノート

このノートに自分《じぶん》の夢《ゆめ》や、やりたいことを
書《か》きだして、その夢《ゆめ》をかなえるために、
なにをすればいいか、考《かんが》えてみよう。

整理整《せいりせい》とんができたら、どんなことがしたい？

例《れい》：たまちゃんに、きれいに片《かた》づいた部屋《へや》に遊《あそ》びに来《き》てもらう

そのためには、どうすればいい？

例《れい》：いらないものを手《て》ばなして、残《のこ》ったものを使《つか》いやすいようにしまう

いつまでに、夢《ゆめ》をかなえる？

年《ねん》　　月《がつ》　　日《にち》　までに

このノートを書《か》いた日《ひ》　　年《ねん》　　月《がつ》　　日《にち》

なまえ

整理整《せいりせい》とん
ちらかし診《しん》断《だん》

スタート

宿題《しゅくだい》をしていてもついまんがに手《て》がのびてしまう
- はい → 100円《えん》ショップは宝《たから》の山《やま》！
- いいえ → ものにかこまれていると安心《あんしん》する

100円《えん》ショップは宝《たから》の山《やま》！
- はい → ものにかこまれていると安心《あんしん》する
- いいえ → ふたやとびらのある収納《しゅうのう》用品《ようひん》が好《す》き

ものにかこまれていると安心《あんしん》する
- はい → 出《で》かけると記念《きねん》の品《しな》を買《か》いがち
- いいえ → ふたやとびらのある収納《しゅうのう》用品《ようひん》が好《す》き

ふたやとびらのある収納《しゅうのう》用品《ようひん》が好《す》き
- はい → めんどうなことは先《さき》のばしにしがち
- いいえ → 「もったいない」が口《くち》ぐせ

出《で》かけると記念《きねん》の品《しな》を買《か》いがち
- はい → 思《おも》い出《で》命《いのち》タイプ
- いいえ → 「もったいない」が口《くち》ぐせ

「もったいない」が口《くち》ぐせ
- はい → 手《て》ばなし下手《べた》タイプ
- いいえ → めんどうなことは先《さき》のばしにしがち

めんどうなことは先《さき》のばしにしがち
- はい → リバウンドタイプ
- いいえ → しまいこみタイプ

リバウンドタイプ

片《かた》づけてもすぐちらかってしまうあなたは……

↓

ステップ **3-1** へ！
(84 ページ)

しまいこみタイプ

ものがどこにあるかわからなくなるあなたは……

↓

ステップ **2-1** へ！
(42 ページ)

手《て》ばなし下手《べた》タイプ

なかなかものをすてられないあなたは……

↓

ステップ **1-2** へ！
(29 ページ)

思《おも》い出《で》命《いのち》タイプ

思《おも》い出《で》の品《しな》をためこんでしまうあなたは……

↓

ステップ **1-1** へ！
(20 ページ)

ステップ 1

整《せい》理《り》

いるものと
いらないものに分《わ》けて、
いらないものを手《て》ばなす

ステップ1

1

いるものといらないものに分《わ》けよう

よ〜し みんなにきれいな部屋《へや》に来《き》てもらえるようがんばるぞ！
ぐちゃ ぐちゃ
でも どこから手《て》をつけたらいいのかわからないよ…
まずは ものを全部《ぜんぶ》1か所《しょ》に出《だ》すのよ！
え〜 全部《ぜんぶ》!?
いっぺんに出《だ》すのがたいへんだったら一日《いちにち》ずつ片《かた》づけるものを決《き》めてみたら？

整理《せいり》スケジュールシート

日《ひ》にち	整理《せいり》するもの・ところ
土《ど》	学校《がっこう》・勉強《べんきょう》・習《なら》いごとで使《つか》うもの
日《にち》	家《いえ》で読《よ》む本《ほん》・雑誌《ざっし》・まんが
月《げつ》	おもちゃなど遊《あそ》びやしゅみのもの
火《か》	服《ふく》・かばん・ぼうしなど

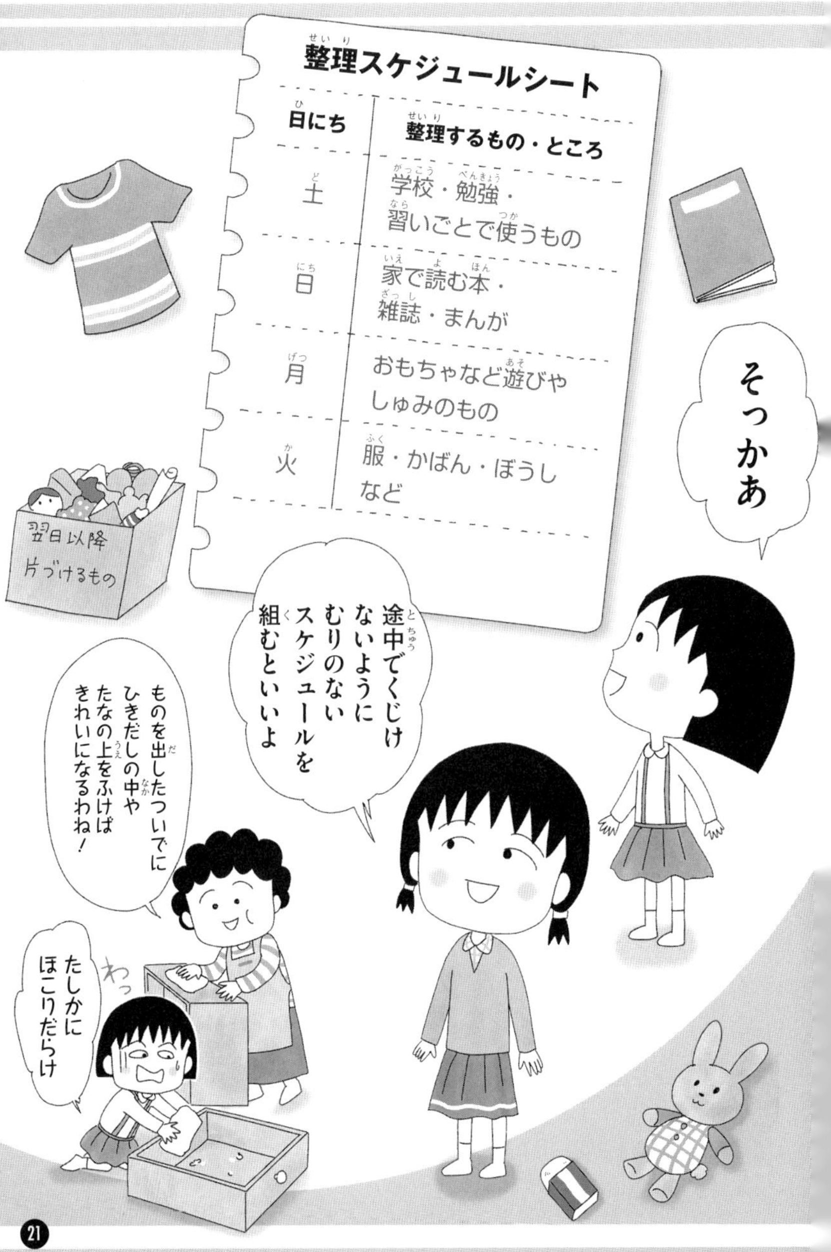
翌日以降
片づけるもの
そっかあ
途中《とちゅう》でくじけないようにむりのないスケジュールを組《く》むといいよ
ものを出《だ》したついでにひきだしの中《なか》やたなの上《うえ》をふけばきれいになるわね！
わっ
たしかにほこりだらけ

学《がっ》校《こう》・勉《べん》強《きょう》・習《なら》いごとで使《つか》うもの

いるもの

教《きょう》科《か》書《しょ》・ノート
使《つか》える文房具《ぶんぼうぐ》
必要《ひつよう》なプリントなど

いらないもの

使《つか》えなくなった文房具《ぶんぼうぐ》
（ペン類《るい》は書《か》けるか
どうかチェック）
古《ふる》いプリントなど

家《いえ》で読《よ》む本《ほん》・雑誌《ざっし》・まんが

いらないもの

読《よ》まなくなった本《ほん》
古《ふる》い雑誌《ざっし》など

いるもの

これから読《よ》む本《ほん》
大切《たいせつ》な本《ほん》など

おもちゃなど遊《あそ》びやしゅみのもの

いらないもの

使《つか》わなくなったおもちゃ
こわれたおもちゃなど

いるもの

今使《いまつか》っている
おもちゃなど

服《ふく》・かばん・ぼうしなど

いらないもの

小《ちい》さくて着《き》られないもの
よごれ、穴《あな》、毛玉《けだま》などが
多《おお》いもの

いるもの

まだ着《き》られるもの
よごれなどのないきれいなもの

いらないものを えらぶのが むずかしければ
いらない もの
残《のこ》したいものを えらぶように すればいいよ
いるもの
これは 使《つか》うかどうか わからないけど もったいないから 取《と》っておこう かな〜
ちょっと 待《ま》って
持《も》ってても 使《つか》わない ことのほうが もったいないよ
スペースも もったいないっ
それって本当《ほんとう》に いるの？
う… いわれて みれば…

ひきだしや
たなの大《おお》きさを
考《かん》えて
ここに入る分だけ！
おさまる量《りょう》だけを「いるもの」にするのがコツよ
う〜ん
でも残《のこ》したいかどうかすぐに決《き》められないのもあるよう
そういうものはわたしは「とりあえずボックス」に入《い》れてるわ！
とりあえずボックス
時間《じかん》があるときや箱《はこ》がいっぱいになったときに
とりあえずボックス
もう一度《いちど》残《のこ》したいものをえらぶの！
とりあえずボックス
いらない
いる

そうね… 1年間《ねんかん》一度《いちど》も使《つか》わなかったら その先《さき》も使《つか》わないことが多《おお》いのよね…
サイズが合わなくなった服…
5K
5K
健康器具…
まる子《こ》は新学期《しんがっき》や大《おお》そうじのタイミングで見直《みなお》すといいかも
あっ これ 南《みなみ》の島《しま》に行《い》ったときの貝《かい》がら!
南《みなみ》の…島《しま》…
アハハハ…
思《おも》い出《で》の品《しな》だよ 使《つか》い道《みち》はなくてもすてられないよ
わ〜っ
それでもすてろっていうの お姉《ねえ》ちゃん!
そういうものは

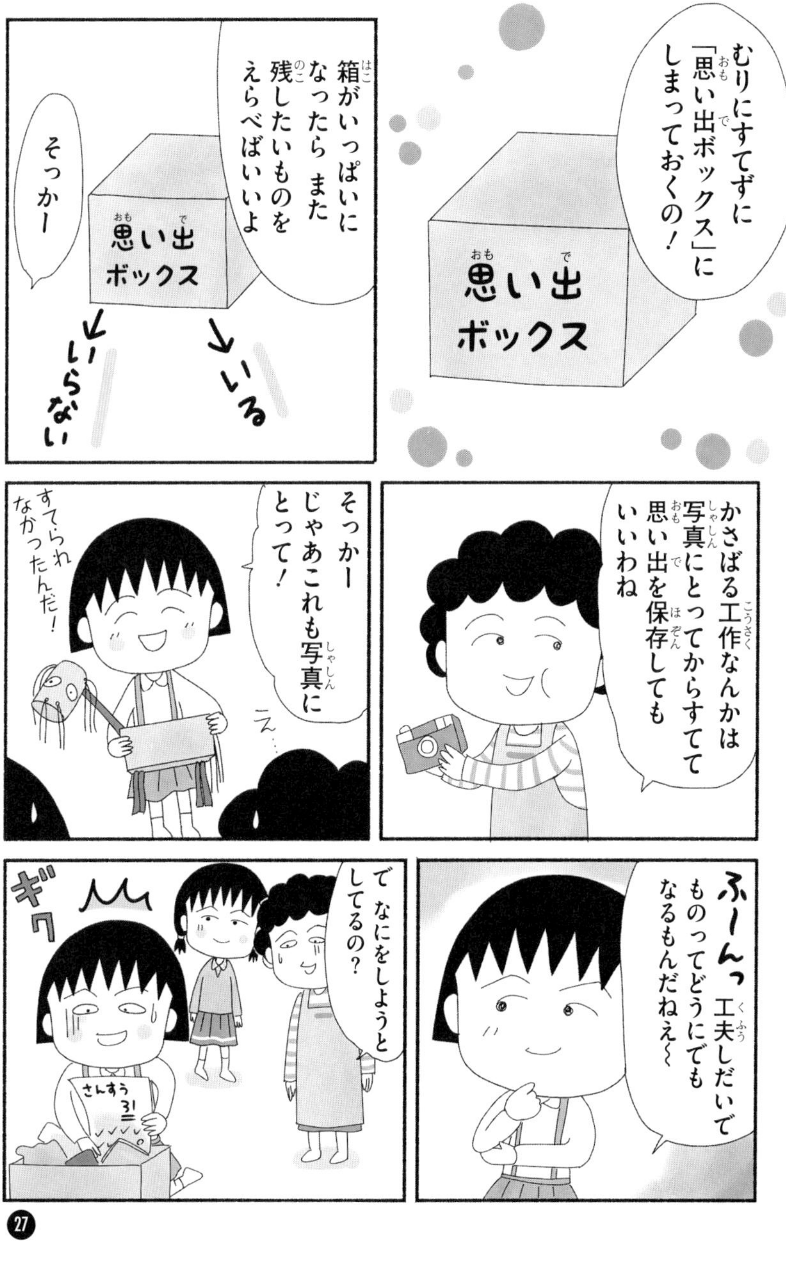
むりにすてずに「思《おも》い出《で》ボックス」にしまっておくの！
思《おも》い出《で》ボックス
箱《はこ》がいっぱいになったら また残《のこ》したいものをえらべばいいよ
そっかー
思《おも》い出《で》ボックス
いらない
いる
かさばる工作《こうさく》なんかは写真《しゃしん》にとってからすてて思《おも》い出《で》を保存《ほぞん》してもいいわね
そっかー じゃあこれも写真《しゃしん》にとって！
すてられなかったんだ！
え…
ふーんっ 工夫《くふう》しだいでものってどうにでもなるもんだねえ〜
でなにをしようとしてるの？
ギク
さんすう

書《か》きこみ式《しき》2　整《せい》理《り》 スケジュールシート

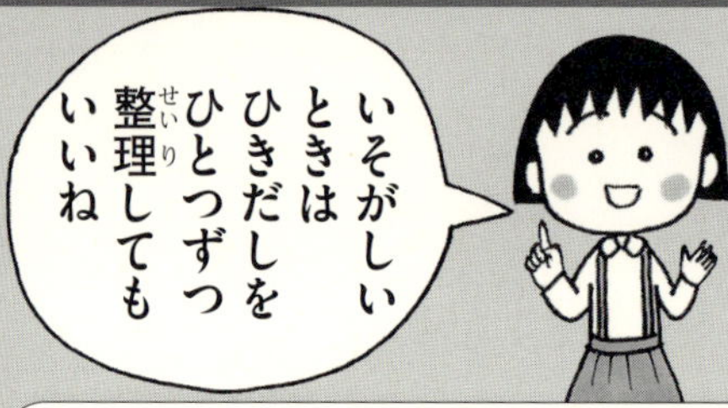
いそがしい
ときは
ひきだしを
ひとつずつ
整《せい》理《り》しても
いいね

整《せい》理《り》のスケジュールを立《た》ててみよう。
自《じ》分《ぶん》の持《も》ちものを種類《しゅるい》ごとに分《わ》けて、整《せい》理《り》しやすそうなものから書《か》きだしてみよう。

日《ひ》にち	じかん	整《せい》理《り》するもの・ところ	できたよチェック
例《れい》 8/5 (日《にち》)	午《ご》後《ご》 4：00 ～ 午《ご》後《ご》 5：00 （　1時《じ》間《かん》　）	机《つくえ》の上《うえ》	✓
	：～ ： （　　）		○
	：～ ： （　　）		○
	：～ ： （　　）		○
	：～ ： （　　）		○
	：～ ： （　　）		○

ステップ1
2
いらないものを手《て》ばなそう
ふー
やっと いるものといらないものに分《わ》けられたけど…
いらないもの
いるもの
これ全部《ぜんぶ》すてちゃったらもったいないよなあ…
大量…
えほん
えほん
いらないも
すてずにすむ方法《ほうほう》もあるわよ
えっ!?
たとえば…
友《とも》だちにあげる
必要《ひつよう》な人《ひと》にゆずる
バザーや慈善団体《じぜんだんたい》などに寄付《きふ》

リサイクルショップや
フリーマーケットなどに持《も》っていく
SHOP
GIRL
もやせるゴミ
もやせないゴミ
分別《ぶんべつ》してすてる
(地域《ちいき》の分別《ぶんべつ》ルールを守《まも》ろう)
使《つか》い古《ふる》したT《ティー》シャツなんかは小《ちい》さく切《き》ってぞうきんがわりにしてもいいわね
台所に置いたり
それならかわいい箱《はこ》に入《い》れたいな!
机の上に置いたり
まる子《こ》もそうじをしてくれれば一石二鳥《いっせきにちょう》…
いらないものを手《て》ばなすのってものがへってすっきりするね!
さっ
やっとわかったのねっ
まる子《こ》があけてくれたらここにリラックスコーナーを作《つく》りたいな…!
いーねー

こわれているものや使《つか》えなくなったものもどうするか考《かんが》えて修理《しゅうり》できればいいけれど
どうしてもすてなきゃいけないものもあるわよね…
今《いま》までお世話《せわ》になったのにね
しっかり感謝《かんしゃ》してすてましょうね
ものに感謝《かんしゃ》か…
そういえばあんまり考《かんが》えたことなかったな…
やってみるよ…
わあーあーあ
長《なが》い間《あいだ》わたしを楽《たの》しませてくれてありがとう！さようなら…!!
ざざー
お…
大げさ…！

大学古本募金《だいがくふるほんぼきん》 ▶ http://www.furuhon-bokin.jp/

送《おく》ることができるもの

→書籍《しょせき》・DVD《ディーブイディー》・CD《シーディー》・ゲームなど

買《か》い取《と》り金額《きんがく》が各大学《かくだいがく》の教育《きょういく》・研究《けんきゅう》に役立《やくだ》てられます。

国際協力《こくさいきょうりょく》 NGO《エヌジーオー》 ジョイセフ ▶ https://www.joicfp.or.jp/mono/

送《おく》ることができるもの

→ランドセル、学用品《がくようひん》、書《か》き損《そん》じはがき、使用《しよう》ずみ切手《きって》など

途上国《とじょうこく》の女性《じょせい》と子《こ》どもを取《と》り巻《ま》く環境《かんきょう》を改善《かいぜん》するさまざまな活動《かつどう》に使《つか》われます。

古着《ふるぎ》 de《デ》 ワクチン ▶ http://furugidevaccine.etsl.jp/

送《おく》ることができるもの

→衣類《いるい》やバッグ、くつ、服飾雑貨《ふくしょくざっか》など

専用回収《せんようかいしゅう》キットを購入《こうにゅう》して衣類《いるい》を送《おく》るだけで、開発途上国《かいはつとじょうこく》の子《こ》どもたちにポリオワクチンがとどけられ、1口《ひとくち》につき5人《にん》の命《いのち》を救《すく》うことができます。

☆ここで紹介《しょうかい》した団体《だんたい》のほかにも寄付先《きふさき》はたくさんあります。ぜひ調《しら》べてみてください。☆この情報《じょうほう》は2018年《ねん》7月現在《がつげんざい》のものです。利用方法《りようほうほう》は各団体《かくだんたい》によってちがうので、必《かなら》ず各団体《かくだんたい》の条件《じょうけん》や注意事項《ちゅういじこう》を確認《かくにん》して利用《りよう》しましょう。

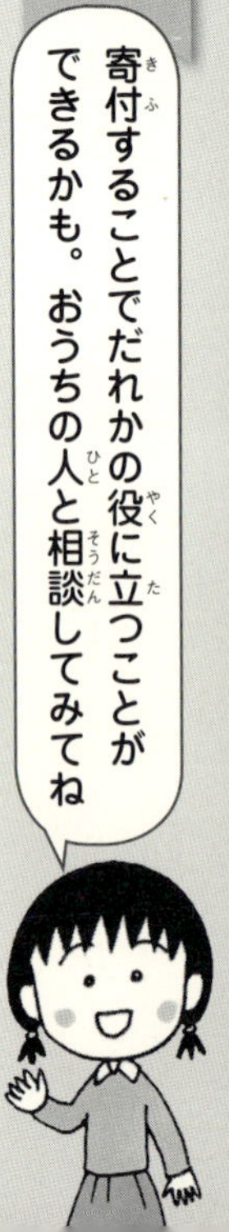
寄付《きふ》することでだれかの役《やく》に立《た》つことができるかも。おうちの人《ひと》と相談《そうだん》してみてね

ステップ1 ③

買《か》う前《まえ》に 必要《ひつよう》かどうか考《かんが》えよう

それならわたしがはけなくなったのあげるわよ
それがいいわね
なにかが必要《ひつよう》になったらすぐ買《か》うんじゃなくて
家《いえ》のどこかにあるかもって
まずは探《さが》してみるといいわね
お姉《ねえ》ちゃんめ…よけいなことを…
ねえ　気《き》に入《い》ってたうさぎのトレーナーも小《ちい》さくなったから新《あたら》しいのほしいな…
あら　似《に》たようなものを持《も》ってるじゃない

じゃあ文房具《ぶんぼうぐ》！ 予備《よび》があんまりなくて心配《しんぱい》なんだ…
ストックは今使《いまつか》っているものプラスひとつあれば十分《じゅうぶん》！
未使用《みしよう》のものは「ストックボックス」で保管《ほかん》して
ストックボックス
NOTE
必要《ひつよう》なものが出《で》たら買《か》う前《まえ》に箱《はこ》をチェックよ
必要《ひつよう》なものだけを買《か》えばむだづかいもスペースも少《すく》なくできるもんね
そういうこと！
じゃあかわいい箱《はこ》買《か》ってよ！
あき箱《ばこ》ならお母《かあ》さんがあげるわよ

ものをふやさない努力《どりょく》は
ものを大切《たいせつ》にする心《こころ》につながるのよ
くぅ〜…
なんとしてでもまる子《こ》に新《あたら》しいものを買《か》わせない気《き》だねこの親子《おやこ》…
そうだっ来月《らいげつ》の花輪《はなわ》クンちの仮装《かそう》パーティーの衣装《いしょう》がないよ！
まる子《こ》お姫様《ひめさま》のかっこうがいいな！
それならいいのがあるわ！
何年《なんねん》か前《まえ》にもらったのいつか使《つか》えると思《おも》ってとっておいたのよ
あまり使《つか》わないものはかりるかもらうのがいちばんね〜
おやじ変身セット
………
それこそよくすてなかったなと思《おも》うふたりであった

コラム 2

3R《アール》ってなに？

ゴミをへらし、いかすための3つ《みっ》の英語《えいご》の頭文字《かしらもじ》だよ

リデュース -Reduce-

ゴミをできるだけ少《すく》なくすること

・むだなものはできるだけ買《か》わない、もらわない
・つめかえのできる製品《せいひん》をえらび、必要《ひつよう》のない包装《ほうそう》はことわる
・ものは大切《たいせつ》に長《なが》く使《つか》う
・マイバッグ、マイボトル、マイカップなどを使《つか》う

リユース -Reuse-

どうぞ
ありがとう

一度《いちど》使《つか》ったものをゴミにせず再利用《さいりよう》すること

・こわれたものを修理《しゅうり》して、また使《つか》う
・いらなくなったけれどまだ使《つか》えるものは、必要《ひつよう》とする人《ひと》にゆずる
・なんども利用《りよう》できる容器《ようき》などが使《つか》われている品《しな》をえらび、使《つか》いおわったら店《みせ》にかえす

リサイクル -Recycle-

缶はこっち
ビンはこっち
ビン
カン

使《つか》いおわったものをもう一度《いちど》資源《しげん》にもどして製品《せいひん》を作《つく》ること

・びん、缶《かん》、ペットボトルなどは市区町村《しくちょうそん》の決《き》めたルールを守《まも》って分別《ぶんべつ》してゴミ出《だ》しする
・トイレットペーパーは古紙《こし》から作《つく》ったものをえらぶ

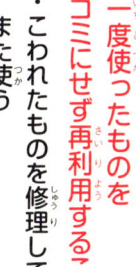

ステップ

1 整理《せいり》

まとめ

ものを全部《ぜんぶ》1か所《しょ》に出《だ》して、いるものといらないものに分《わ》けよう。

いらないものは手《て》ばなそう。

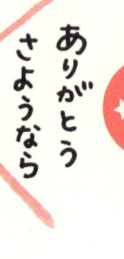

買《か》う前《まえ》に、本当《ほんとう》にそれが必要《ひつよう》かどうか考《かんが》えてみよう。

ステップ 1 整《せい》理《り》をすると、こんな力《ちから》が身《み》につく！

「いるもの」「いらないもの」を判断《はんだん》する力《ちから》、「これは手《て》ばなそう」と決断《けつだん》する力《ちから》がつく。

よし決《き》めた！

これからの生活《せいかつ》や自分《じぶん》の夢《ゆめ》をイメージする「想像力《そうぞうりょく》」が育《そだ》つ。

いつでもお絵かきできるつくえに！

ステップ
2

整《せい》とん

いるものを
使《つか》いやすいように
置《お》き場《ば》所《しょ》を決《き》めて、しまう

ステップ2
1
ものの置《お》き場所《ばしょ》を決《き》めよう
いらないものを手《て》ばなしたから
ものはだいぶへったけれど…
りぼん
なんで机《つくえ》の上《うえ》におもちゃがいっぱいあるわけ…?
お気《き》に入《い》りのものを近《ちか》くに置《お》いておきたいんだもん
ごちゃ〜
机《つくえ》は勉強《べんきょう》するところでしょ〜!
まずはどこになにを置《お》くのかを決《き》めるのよ…
わ わかりやした…

机《つくえ》まわり **学校《がっこう》・勉強《べんきょう》・習《なら》いごとで使《つか》うもの**

(教科書《きょうかしょ》・ノート・プリント・文房具《ぶんぼうぐ》・ランドセル・手《て》さげバッグなど)

本《ほん》だな

家《いえ》で読《よ》む本《ほん》・雑誌《ざっし》・まんが

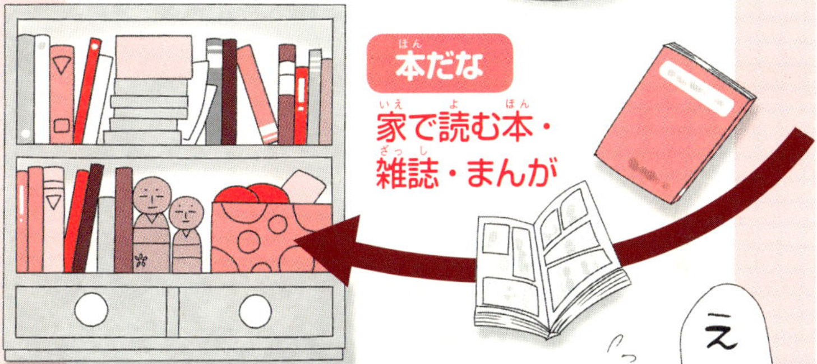

タンス・クローゼット
服《ふく》・かばん・ぼうしなど
KIDS
さっきまで 机《つくえ》の上《うえ》にあった おもちゃはココ！
おもちゃなど 遊《あそ》びやしゅみのもの
たな・箱《はこ》
トランプ

う〜ん でも これはどこに 分《わ》けたらいいか わからないな〜
カード
そういうときは 一時的《いちじてき》に「とりあえずボックス」に 入《い》れておくの
とりあえず ボックス
出《で》た ボックス！

ここにいったんしまっておいてあとからちょくちょく見直《みなお》せばいいってことでしょ
これはあのたなに入《い》れられるな！
とりあえずボックス
これはもういらないから手《て》ばなそう
うんっ
わかってきたわね
置《お》き場所《ばしょ》を決《き》めるポイントは「使《つか》う場所《ばしょ》に近《ちか》い」ことよ
NOTE
勉強道具《べんきょうどうぐ》は机《つくえ》におもちゃは遊《あそ》ぶコーナーにってことだね
そういうこと！そのほうが取《と》りだしやすいしもどしやすいからちらかりにくいの
さっ

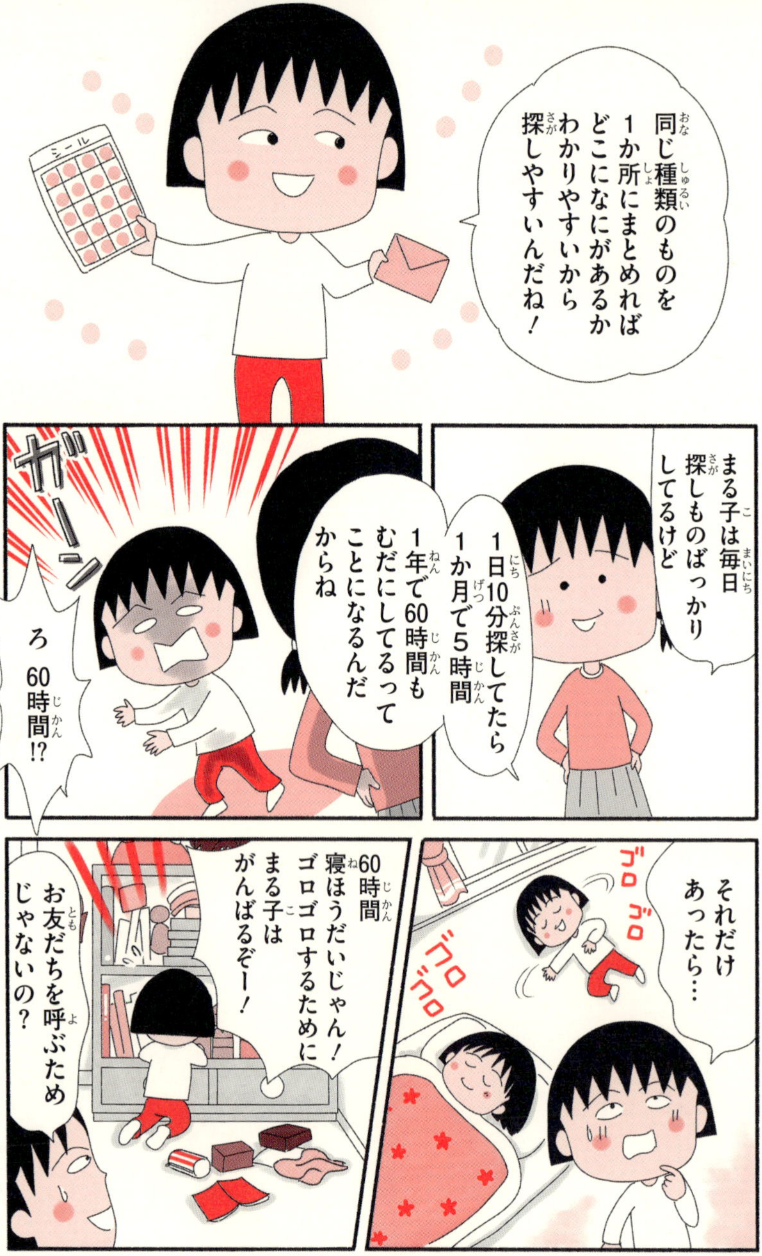

シール
同《おな》じ種類《しゅるい》のものを1か所《しょ》にまとめればどこになにがあるかわかりやすいから探《さが》しやすいんだね！
まる子《こ》は毎日《まいにち》探《さが》しものばっかりしてるけど
1日《にち》10分《ぷん》探《さが》してたら1か月《げつ》で5時間《じかん》1年《ねん》で60時間《じかん》もむだにしてるってことになるんだからね
ガーン
ろ60時間《じかん》!?
それだけあったら…
ゴロ ゴロ
ゴロ ゴロ
60時間《じかん》寝《ね》ほうだいじゃん！ゴロゴロするためにまる子《こ》はがんばるぞー！
お友《とも》だちを呼《よ》ぶためじゃないの？

コラム 3

動線《どうせん》にそってものの置《お》き場所《ばしょ》を決《き》めよう

みんなは、家《いえ》に帰《かえ》ったらまず、どこへ行《い》きますか？　洗面所《せんめんじょ》へ行《い》って手洗《てあら》い、うがいする？　それともキッチンに直行《ちょっこう》しておやつを探《さが》す？

このように、生活《せいかつ》するときに家《いえ》の中《なか》を人《ひと》が動《うご》く道《みち》のことを「動線《どうせん》」といいます。

ランドセルがなかなか片《かた》づけられないのは、ランドセル置《お》き場《ば》が帰宅《きたく》してからの動線《どうせん》と、はなれたところにあるからかも？

自分《じぶん》の動線《どうせん》を知《し》って、その動線《どうせん》にそってものの置《お》き場所《ばしょ》を決《き》めれば、ちらかりにくくなるよ。

1 部屋《へや》の間取《まど》り図《ず》をかこう

かんたんな図《ず》でOK《オーケー》。机《つくえ》やたななど、ものの置《お》き場所《ばしょ》はかいておこう。

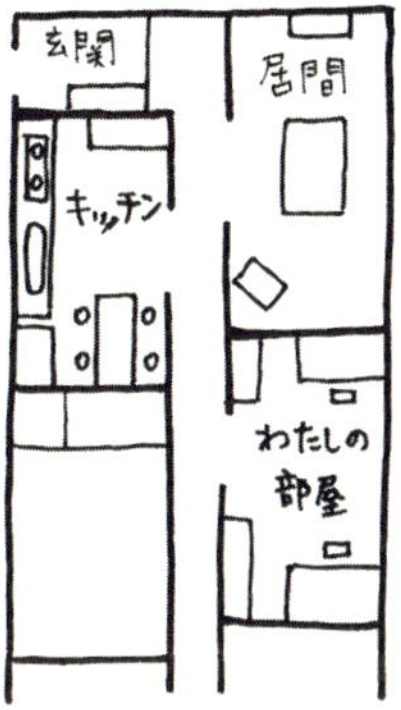

2 動線《どうせん》をかこう

自分《じぶん》の行動《こうどう》を点《てん》でメモし、それを線《せん》でつないでみよう。

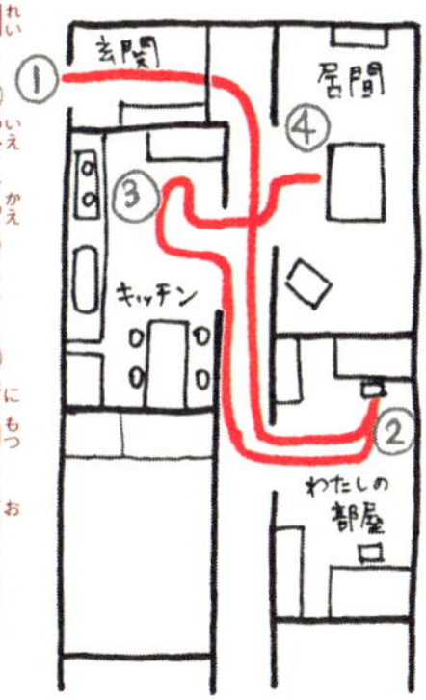

例《れい》：①家《いえ》に帰《かえ》った→②荷物《にもつ》を置《お》いた→③キッチンへ行《い》った→④すわった

3 ものの置《お》き場所《ばしょ》を決《き》めよう

置《お》き場所《ばしょ》が遠《とお》くてめんどうだと思《おも》うものがあれば、置《お》き場所《ばしょ》を変《か》えてみよう。

動線《どうせん》の途中《とちゅう》に置《お》き場《ば》所《しょ》を作《つく》れば、ついでに片《かた》づけられるはず。

ゴミがちらかりがちな人《ひと》は、ゴミ箱《ばこ》の位置《いち》を、すぐにすてやすい場所《ばしょ》にしてみよう。

ステップ2 ②

机《つくえ》まわりを使《つか》いやすく

いよいよものをしまうんだね！
それじゃあしまいかたのコツを確認《かくにん》しよう

しまいかたは出《だ》しやすくもどしやすくが大原則《だいげんそく》！

積《つ》み上《あ》げない

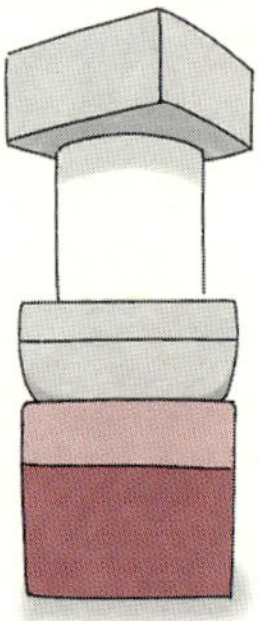

下《した》のものが取《と》りだしにくいし、重《おも》みでつぶれちゃうよ。

ふたはできるだけしない

中《なか》のものが見《み》えないと、なにが入《はい》っているのかわからなくなっちゃうよ。

とどかないところに置《お》かない

取《と》りだすのがめんどうだと、しまいっぱなしになっちゃうよ。

立《た》てられるものは立《た》てる

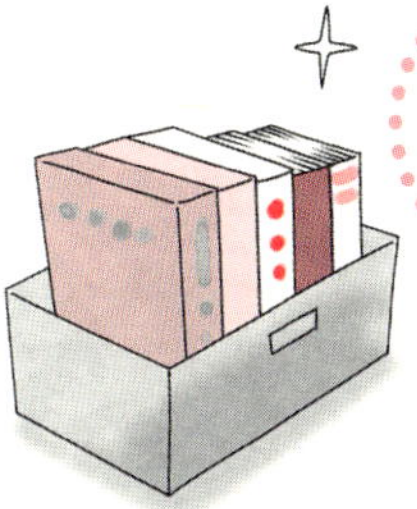

積《つ》むと見《み》えなくなる
本《ほん》やノートなどは、
立《た》たせるとわかりやすいよ。

なにかを移動《いどう》させないと取《と》りだせないところに置《お》かない

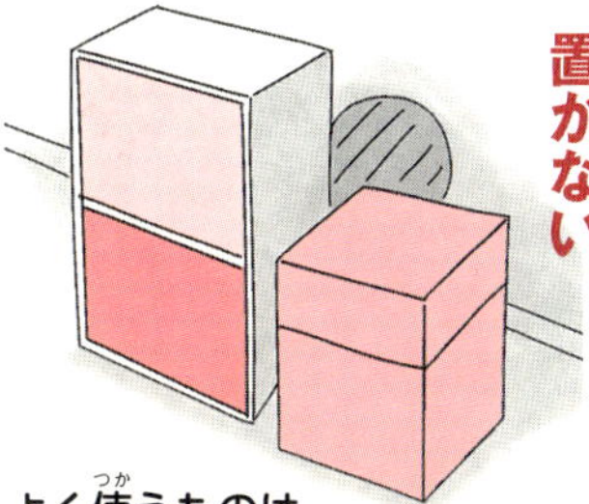

よく使《つか》うものは
できるだけらくに
出《だ》し入《い》れできるように！

まとめる

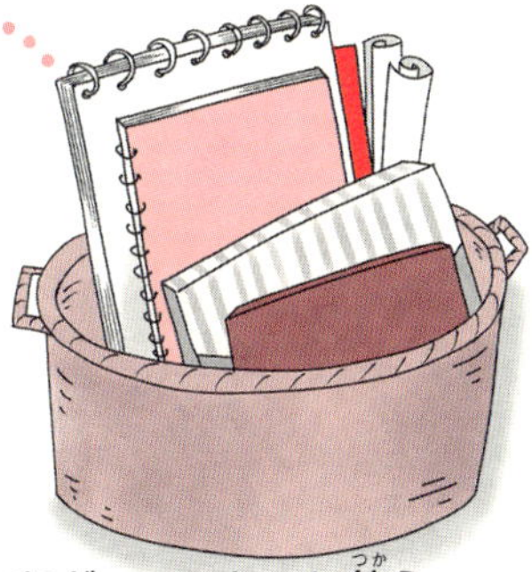

紙《かみ》とペンなど、いっしょに使《つか》う
ものはまとめておくとべんり。

仕《し》切《き》る

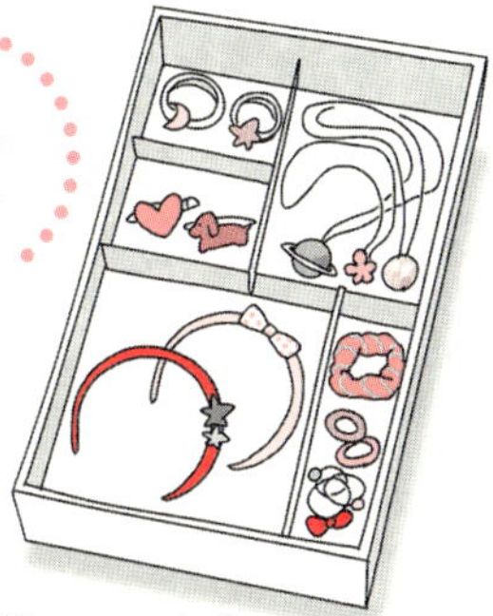

あき箱《ばこ》などで仕《し》切《き》れば、
細《こま》かいものでもすっきり！

今《いま》までは上《うえ》にものを重《かさ》ねてたから取《と》りだしにくくてぐちゃぐちゃになってたんだね…
「出《だ》しやすくもどしやすく」をめざしてしまってみよう！

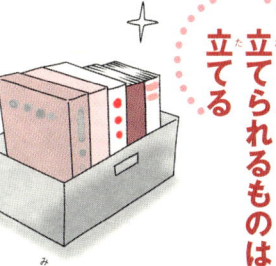

机《つくえ》の上《うえ》

えんぴつけずり、筆立《ふでた》て、教科書《きょうかしょ》など、よく使《つか》うものだけに

クリアファイルやファイルボックスを使《つか》い、教科別《きょうかべつ》、習《なら》いごと別《べつ》にすればわかりやすいね

勉強《べんきょう》や作業《さぎょう》ができるよう、できるだけなにも置《お》かないようにすると、広《ひろ》く使《つか》えるよ

少《すこ》し深《ふか》めのひきだし

大《おお》きめの道具《どうぐ》や、あまり取《と》りださないもの

思《おも》い出《で》ボックス、ストックボックスなど

シール、レターセット、集《あつ》めているものなど

浅《あさ》いひきだし

よく使《つか》う文房具《ぶんぼうぐ》

使《つか》う回数《かいすう》が多《おお》いものは手前《てまえ》、少《すく》ないものはおくに入《い》れよう

上《うえ》にものを重《かさ》ねると取《と》りだしにくいので、あき箱《ばこ》やトレイを使《つか》うとべんりだよ

深《ふか》くて大《おお》きいひきだし

保管中《ほかんちゅう》の教科書《きょうかしょ》やノート、ファイルや辞典《じてん》など、かさばって重《おも》いもの

国語辞典

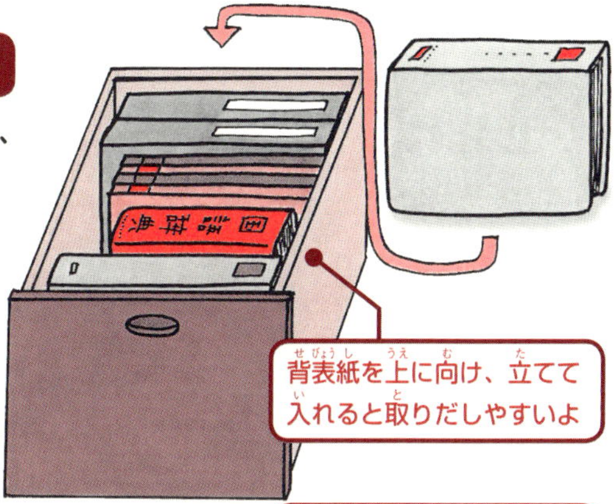
背表紙《せびょうし》を上《うえ》に向《む》け、立《た》てて入《い》れると取《と》りだしやすいよ

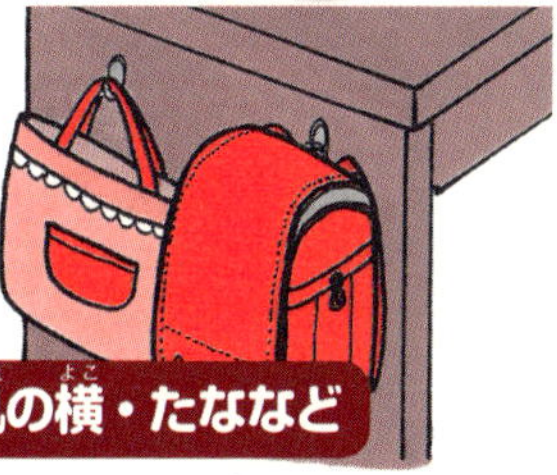

机《つくえ》の横《よこ》・たななど

ランドセル、手《て》さげかばん、体育着《たいいくぎ》ぶくろや絵《え》の具《ぐ》などの置《お》き場《ば》も作《つく》っておこう

やりかけのものを入《い》れるために、ふだんは空《から》にしておくとべんりだよ
○○ドリル

おなかの前《まえ》の浅《あさ》く広《ひろ》いひきだし

かきかけのお絵《え》かき、やりかけのドリルなど

わー こんな使《つか》いやすそうな机《つくえ》見《み》たことないよ！
整《せい》とんしたら必要《ひつよう》なものを取《と》りだすのもらくでしょう？

ほんと…まる子《こ》でも これなら なくしものや 探《さが》しもので こまることも へりそうだよ
べんりにすると 実《じつ》はらくになるんだよ 自分《じぶん》のためにも がんばって
もちろん わたしのためでも あるしね きれいな部屋《へや》のほうが いいんだから
わかってるよ まかせて お師匠《ししょう》さんっ
まる子《こ》ー 部屋《へや》片《かた》づけてるん だってなー
宿題《しゅくだい》のプリントは きれいなままじゃ だめだろ
ほら 片づけ ちまいなっ
わすれてたー！

書《か》きこみ式《しき》3　自分《じぶん》だけの オリジナルラベル

ラベルをはっておけば、どこになにがあるか
ひと目《め》でわかるから片《かた》づけやすいよ！

読《よ》みやすい本《ほん》だなに

次《つぎ》は本《ほん》だなだ！
わたしのとくらべるとまる子《こ》の本《ほん》だなは…
う…

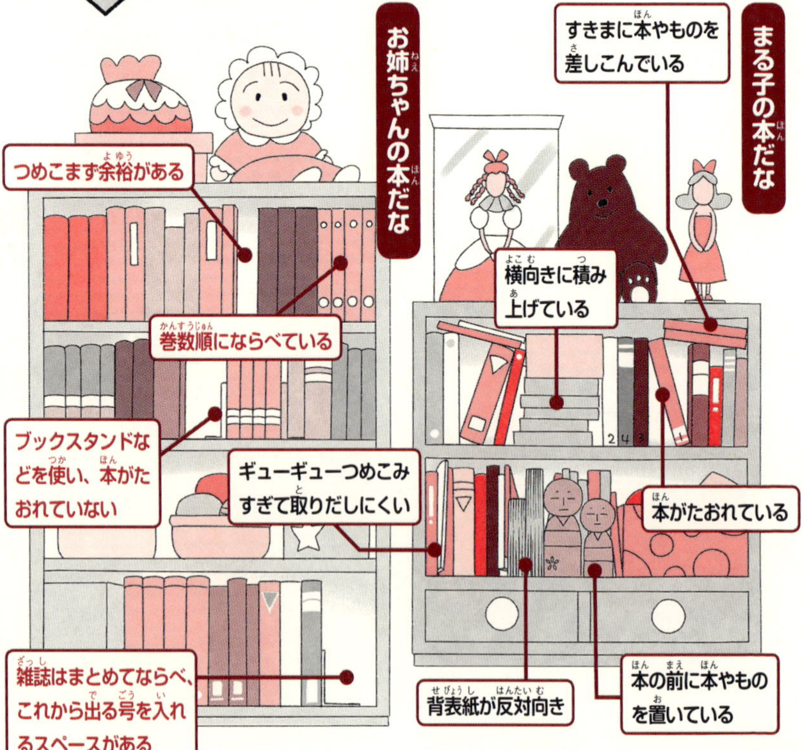
お姉《ねえ》ちゃんの本《ほん》だな
つめこまず余裕《よゆう》がある
巻数順《かんすうじゅん》にならべている
ブックスタンドなどを使《つか》い、本《ほん》がたおれていない
雑誌《ざっし》はまとめてならべ、これから出《で》る号《ごう》を入《い》れるスペースがある
ギューギューつめこみすぎて取《と》りだしにくい
まる子の本《ほん》だな
すきまに本《ほん》やものを差《さ》しこんでいる
横向《よこむ》きに積《つ》み上《あ》げている
本《ほん》がたおれている
背表紙《せびょうし》が反対向《はんたいむ》き
本《ほん》の前《まえ》に本《ほん》やものを置《お》いている

本《ほん》を重《かさ》ねると見《み》にくいし取《と》りだしにくいんじゃない？
もどすとき ついこうしちゃって
それぞれの置《お》き場《ば》を決《き》めておけばそこにもどせばいいからちらからないよ
重《おも》い本《ほん》を上《うえ》に入《い》れたら地震《じしん》のときなどにもあぶないからね
上段《じょうだん》
取《と》りだしづらいため、あまり読《よ》まないが大事《だいじ》な本《ほん》を入《い》れる
中段《ちゅうだん》
取《と》りだしやすいため、好《す》きな本《ほん》やよく読《よ》む本《ほん》を入《い》れる
下段《げだん》
大《おお》きくて重《おも》い本《ほん》（図鑑《ずかん》など）を入《い》れる
なるほど！じゃ まる子《こ》もお姉《ねえ》ちゃんみたいにならべてみる！
5分後《ふんご》――
あーっはっは
マンガ
案《あん》の定《じょう》ね…
整《せい》とん途中《とちゅう》で本《ほん》やまんがを読《よ》みはじめるのは危険《きけん》である

ステップ2 ④

遊《あそ》びやしゅみのものはどうする？

次《つぎ》は大事《だいじ》なおもちゃたち！

でも形《かたち》も大《おお》きさもバラバラだから片《かた》づけにくそう…
箱《はこ》やかごみたいなざっくり入《い》れられるものにサイズや種類別《しゅるいべつ》に入《い》れるといいよ

おもちゃ整《せい》とんのコツ

同《おな》じ種類《しゅるい》のものは同《おな》じ箱《はこ》に

（ぬいぐるみ、ブロック、ボードゲーム、カードなど）

ブロック
ぬいぐるみ
ゲーム

どこになにを入《い》れるか決《き》めたら、まちがいなくもどせるようにラベルをはろう

いろえんぴつ
スケッチBOOK

いっしょに使《つか》うものはひとまとめにすると、一度《いちど》に取《と》りだせて片《かた》づけもらくちん

小《ちい》さいものは浅《あさ》い箱《はこ》に、大《おお》きいものは深《ふか》い箱《はこ》に

（大《おお》きい箱《はこ》に小《ちい》さいものを入《い》れると、わかりにくくなるので注意《ちゅうい》！）

よく使《つか》うものは、出《だ》し入《い》れしやすいところを定位置《ていいち》に
見《み》つけやすいし取《と》りだしやすいからすぐに遊《あそ》べるよ
ぬいぐるみ
おままごと
ゲーム
収納《しゅうのう》からあふれたら、今使《いまつか》いたいおもちゃをえらんで、残《のこ》りは手《て》ばなそう

こんなの持《も》っていたな～ずっとわすれててゴメンよう…！
整《せい》とんしたらおもちゃを大切《たいせつ》にできるようになれたかな？

コラム4

収納用品《しゅうのうようひん》を上手《じょうず》に使《つか》おう

ものを出《だ》したり、入《い》れたり、見《み》つけたりしやすくするには仕切《しき》ったり、立《た》てたり、まとめたりするといいんだったね。そのためにかつやくするのが、いろいろな収納用品《しゅうのうようひん》。家《いえ》に使《つか》っていない収納用品《しゅうのうようひん》があるかも？　家《いえ》の人《ひと》に聞《き》いてみよう！

ファイルボックス

たなに入《い》れたり、机《つくえ》の上《うえ》にならべたりして、ちらかりやすいプリントなどを片《かた》づけよう。

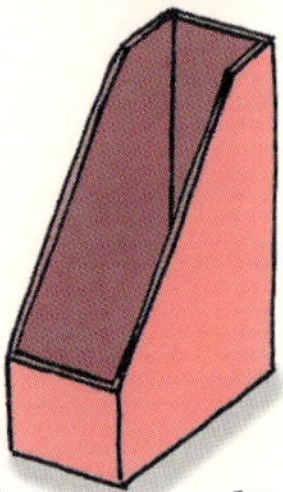

前開《まえびら》き

本《ほん》やプリント類《るい》が取《と》りだしやすいよ。

横置《よこお》きトレイ

教科《きょうか》ごとに分《わ》ければ探《さが》しやすい！

ブックスタンド

本《ほん》やノート類《るい》だけでなく、衣類《いるい》なども仕切《しき》ったり立《た》てたりできます。

※67ページも見《み》てね。

コの字型《じがた》

ひっくり返《かえ》せば仕切《しき》りだなに。

☆くつのあき箱《ばこ》などに色紙《いろがみ》をはったりペイントしたりして、自分《じぶん》だけのオリジナルボックスを作《つく》るのも楽《たの》しいよ。

収納《しゅうのう》ボックス

おもちゃなど、同《おな》じ種類《しゅるい》のものをひとつのボックスに。

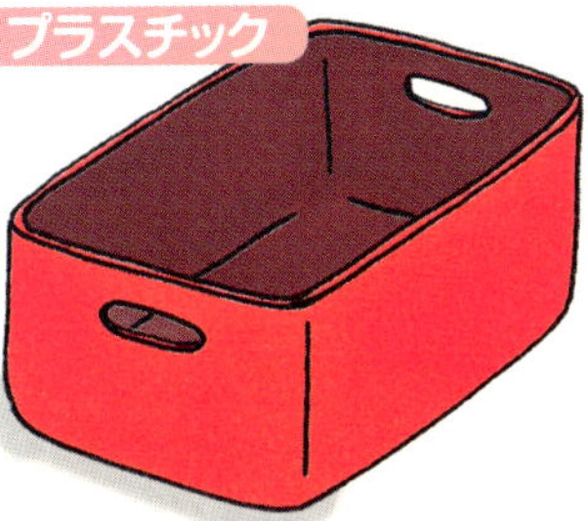

プラスチック

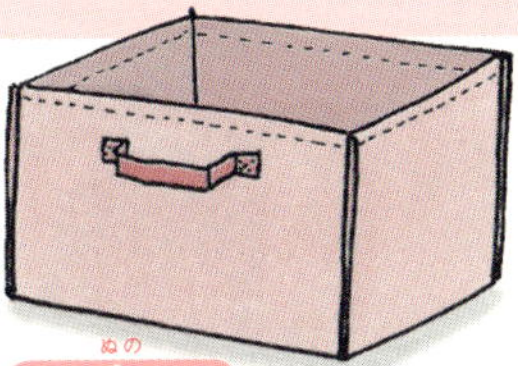

布《ぬの》

通気性《つうきせい》がよいので、衣類《いるい》の収納《しゅうのう》にピッタリ。

ふたつき

中身《なかみ》を見《み》せたくないときに。ほこりよけにも。

自然素材《しぜんそざい》

丸《まる》型《がた》

洗《せん》たくもの用《よう》だけど、大《おお》きいおもちゃも入《い》れられるよ。

仕切《しき》りつき

こまごましたものが仕《し》分《わ》けできます。

キャスターつき

重《おも》いものでも移動《いどう》がらく。

収納《しゅうのう》ボックスをたなに入《い》れるときのコツ

たなとボックスの間《あいだ》に空間《くうかん》がないと、中身《なかみ》が見《み》えず、出《だ》し入《い》れもしづらい。

ボックスの上《うえ》に空間《くうかん》があると、ボックスのおくまで見《み》え、出《だ》し入《い》れしやすい！

ステップ2 5

お気《き》に入《い》りの服《ふく》も見《み》つけやすく

あの よそ行《い》きの服《ふく》どこにしまったっけなあ…
ここじゃないし…
バタン
ここでもない…
バタン
あった! やっと見《み》つけたよ〜
うわっ シワシワだ!
そんなにぐちゃぐちゃに入《い》れてたら服《ふく》がいたむよ
えっ!?
それはこまるよ
じゃあ整《せい》とんしましょ!

シャツなど

T《ティー》シャツ、タンクトップ、
トレーナー、ブラウスなど

まずは服《ふく》を
全《ぜん》部《ぶ》出《だ》して
同《おな》じ種類《しゅるい》ごとに
分《わ》けよう

ズボン、スカートなど

体《たい》そう服《ふく》、ジャージなど

下着《したぎ》など

くつした、パンツ、パジャマなど

その他《た》

ぼうし、マフラーや手《て》ぶくろなど

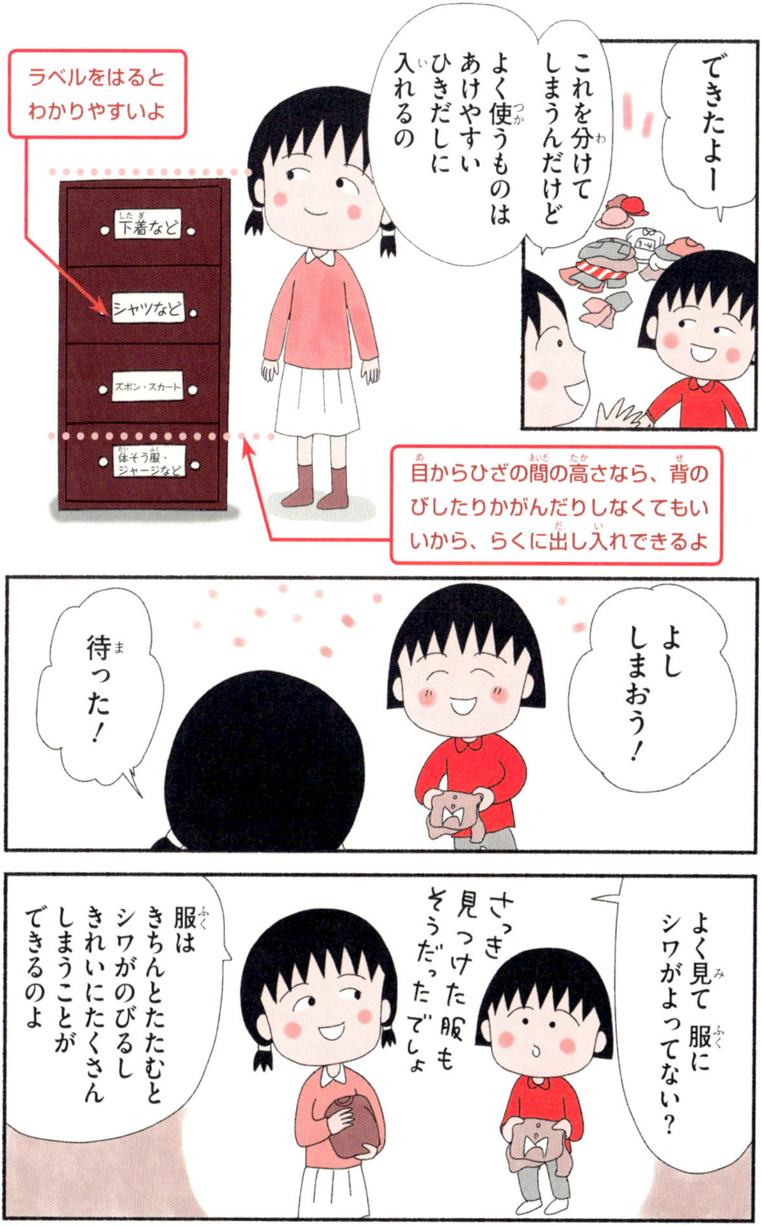
できたよー
これを分《わ》けてしまうんだけど
よく使《つか》うものはあけやすいひきだしに入《い》れるの
ラベルをはるとわかりやすいよ
下着《したぎ》など
シャツなど
ズボン・スカート
体《たい》そう服《ふく》・ジャージなど
目《め》からひざの間《あいだ》の高《たか》さなら、背《せ》のびしたりかがんだりしなくてもいいから、らくに出《だ》し入《い》れできるよ
よし しまおう!
待《ま》った!
よく見《み》て 服《ふく》にシワがよってない?
さっき見つけた服もそうだったでしょ
服《ふく》はきちんとたたむとシワがのびるしきれいにたくさんしまうことができるのよ

ズボンのたたみかた

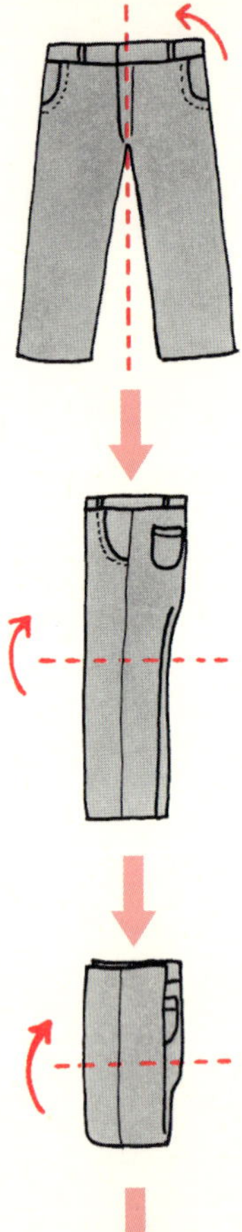

長《なが》そでのたたみかた

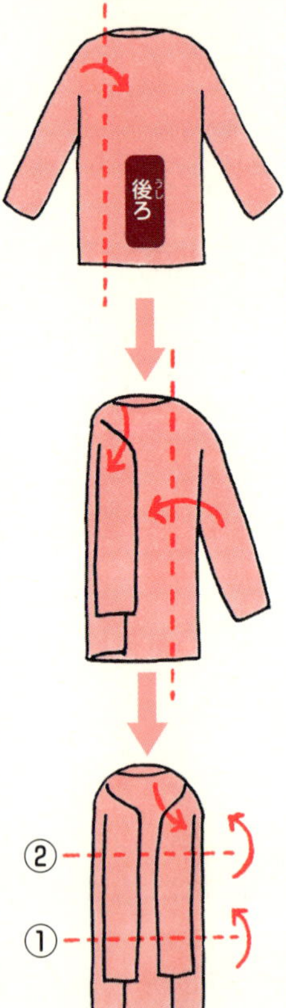

半《はん》そでのたたみかた

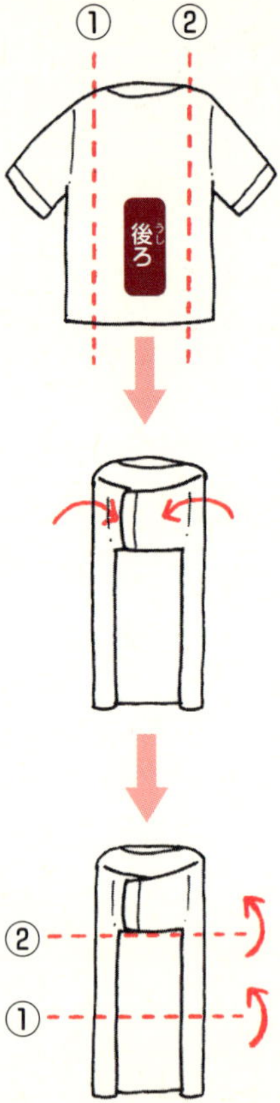

くつしたのたたみかた

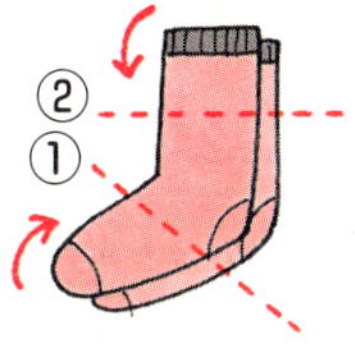
②
①

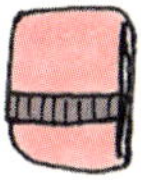

三《み》つ折《お》りにする

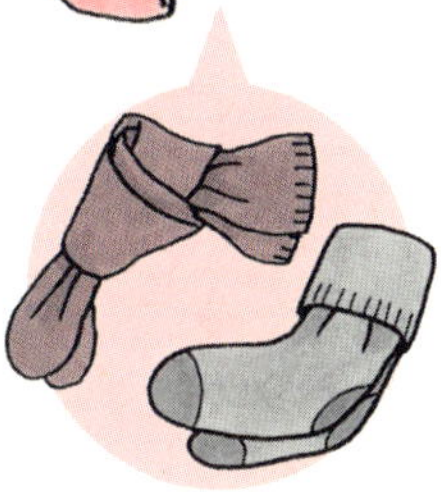

ゴムがのびないよう、むすんだりうらがえしたりしないほうがいいよ

パンツのたたみかた

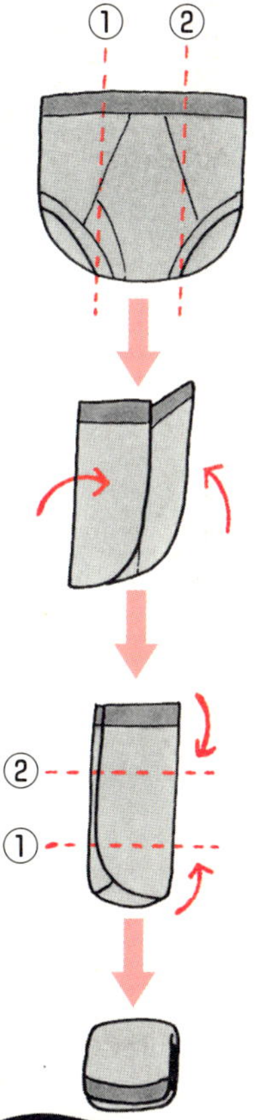
①
②
②
①

スカートのたたみかた

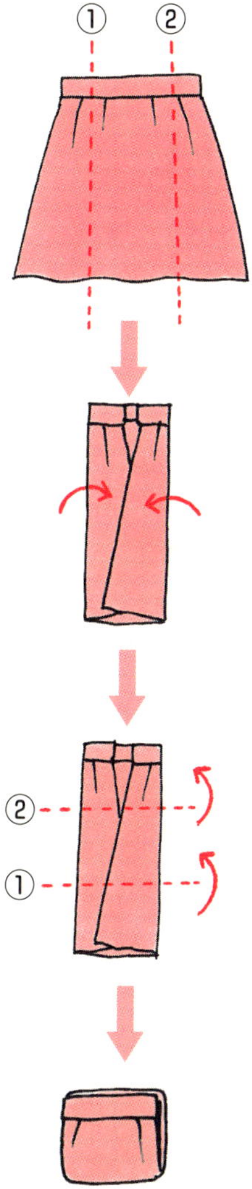
①
②
②
①

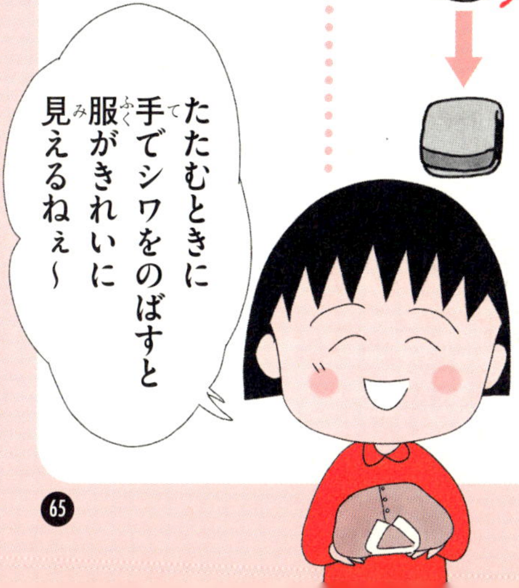
たたむときに
手《て》でシワをのばすと
服《ふく》がきれいに
見《み》えるねぇ〜

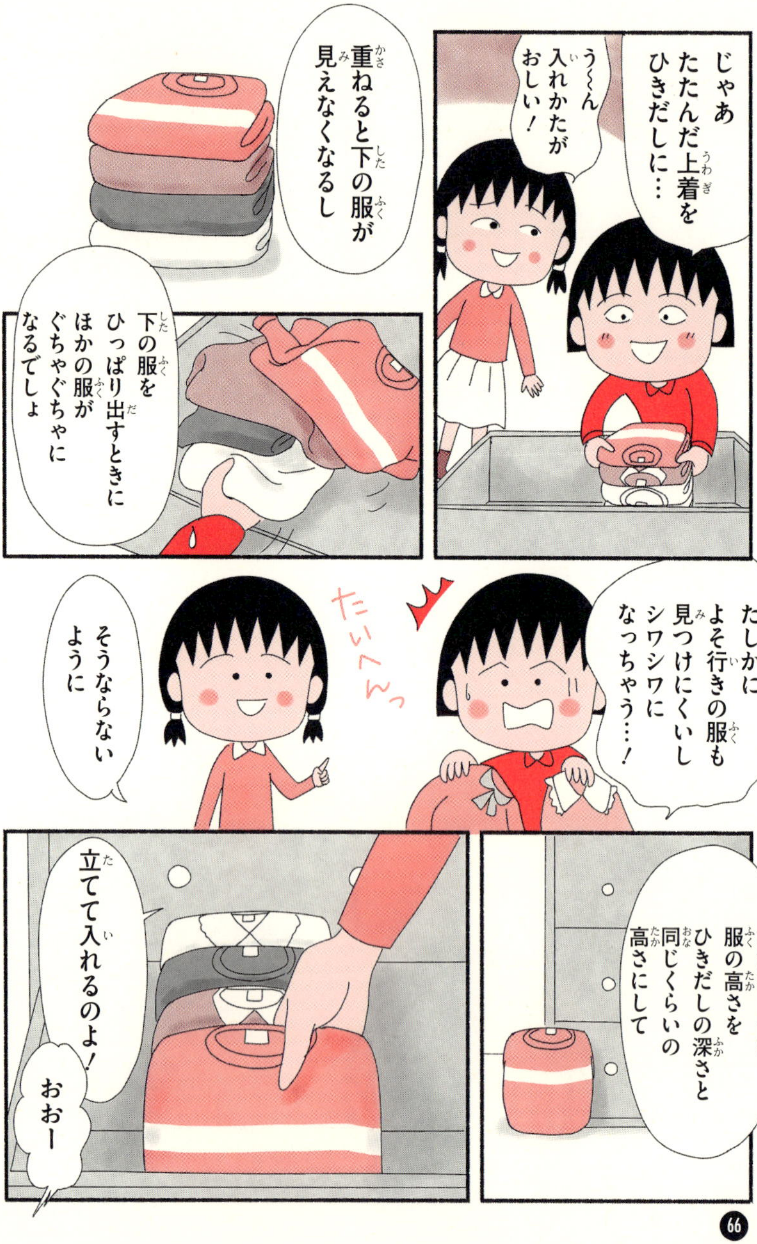
じゃあ たたんだ上着《うわぎ》をひきだしに…
う〜ん 入《い》れかたがおしい!
重《かさ》ねると下《した》の服《ふく》が見《み》えなくなるし
下《した》の服《ふく》をひっぱり出《だ》すときにほかの服《ふく》がぐちゃぐちゃになるでしょ
たしかによそ行《い》きの服《ふく》も見《み》つけにくいしシワシワになっちゃう…!
たいへんっ
そうならないように
たたむときに服《ふく》の高《たか》さをひきだしの深《ふか》さと同《おな》じくらいの高《たか》さにして
立《た》てて入《い》れるのよ!
おおー

やるじゃん お姉《ねえ》ちゃん!
ギューギューに入《い》れると取《と》りだしにくいしシワになるから余裕《よゆう》を持《も》たせてね
でも よそ行《い》きの服《ふく》とかおしゃれなのってうすい布《ぬの》のものもあるでしょ
そういうのはどうするの?
フッ
そんなときは
ブックスタンドを使《つか》えば解決《かいけつ》よ!
おおー
なんだか楽《たの》しいねえ もっとしまってみてよ
あとは パンツやくつしたみたいに小《ちい》さなものは箱《はこ》を使《つか》って…

分《わ》けてまとめればきれいに入《はい》る！
ブラボーだよ！
下着
まる子《こ》の毛《け》糸《いと》のパンツもかわいく見《み》えるよ
そうかな…
ねーねーほかになんかコツはないの？
あるわよ！たとえば…
服《ふく》をまんべんなく使《つか》いたかったら洗《あら》ったものをおくへもどす
お気《き》に入《い》りの服《ふく》をすばやく見《み》つけたいならつねに手《て》前《まえ》へ
なるほど！
ところでたためないものなんかはどうするのさ
コートとか…

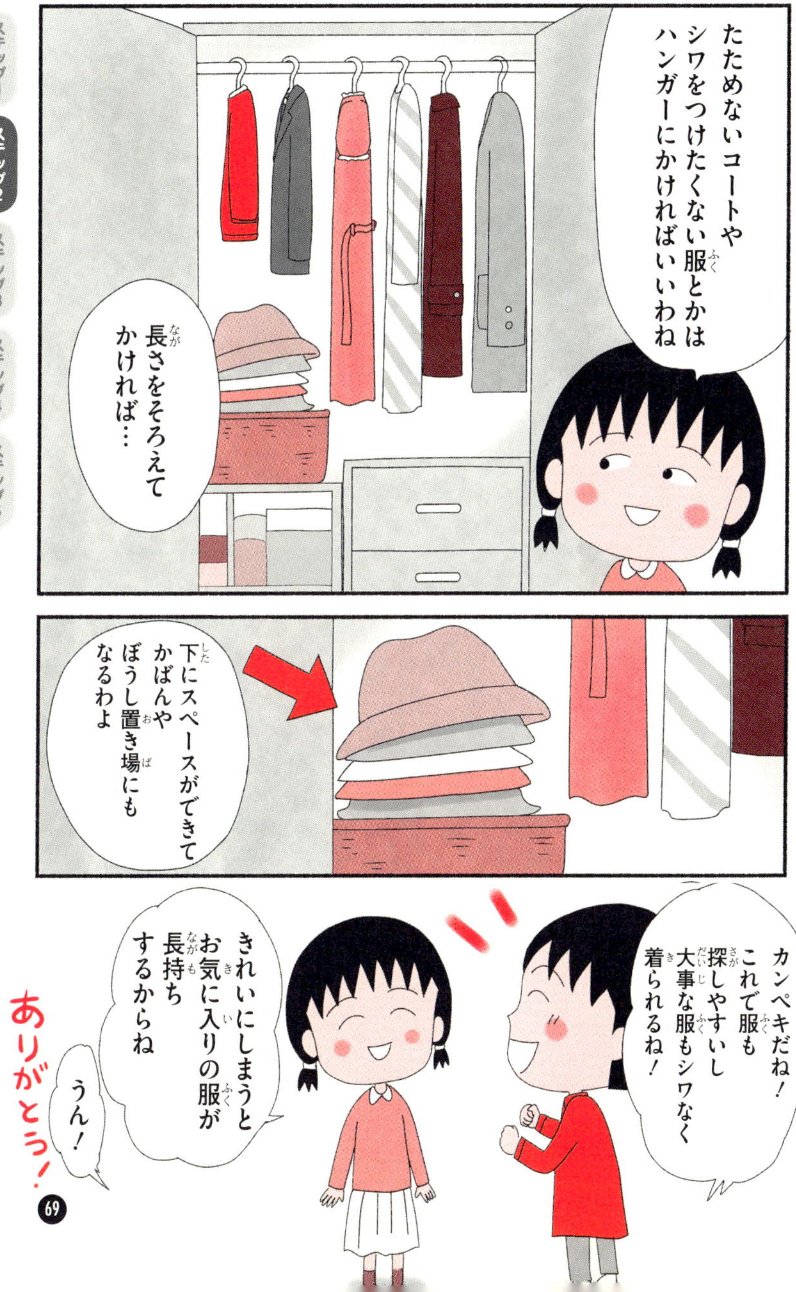
たためないコートや
シワをつけたくない服《ふく》とかは
ハンガーにかければいいわね
長《なが》さをそろえて
かければ…
下《した》にスペースができて
かばんや
ぼうし置《お》き場《ば》にも
なるわよ
カンペキだね！
これで服《ふく》も
探《さが》しやすいし
大事《だいじ》な服《ふく》もシワなく
着《き》られるね！
きれいにしまうと
お気《き》に入《い》りの服《ふく》が
長持《ながも》ち
するからね
うん！
ありがとう！

数分後《すうふんご》――
すっ
じゃじゃーん
どう!?結婚式《けっこんしき》にはこれで行《い》くよ!シワシワだからアイロンかけてよ
結婚式《けっこんしき》…?
出席《しゅっせき》するのはお母《かあ》さんだけで子《こ》どもたちはお留守番《るすばん》よ
ガーン
それで整《せい》とんがんばっていたのね
ふるふる
ひどいよ!今《いま》からレストラン連《つ》れてってよ!
なにいっているのきょうも野菜《やさい》いためよ

コラム 5

衣《ころも》がえ

季節《きせつ》のかわり目《め》のカラッと晴《は》れた日《ひ》に夏物《なつもの》と冬物《ふゆもの》を入《い》れかえよう!

冬物《ふゆもの》

コート・トレーナー・長《なが》ズボン・手袋《てぶくろ》・マフラー など

夏物《なつもの》

半《はん》そで・ノースリーブ・半《はん》ズボン など

5〜6月頃《がつごろ》 →

入《い》れかえ

← 10〜11月頃《がつごろ》

Check《チェック》!

サイズは合《あ》っている?

きつくて苦《くる》しい服《ふく》

小《ちい》さい子《こ》にゆずるなどして手《て》ばなそう

ぬいだり着《き》たりしやすい服《ふく》

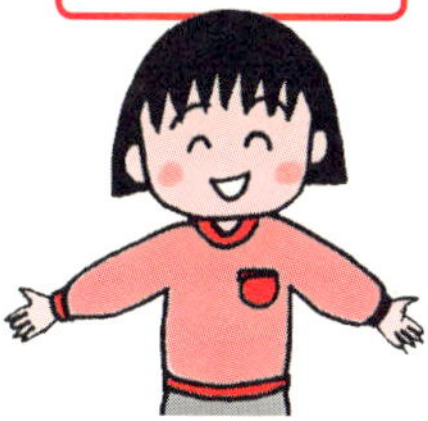

まだ着《き》られるね

よごれたりやぶれたりしていない?

よごれがひどい服《ふく》

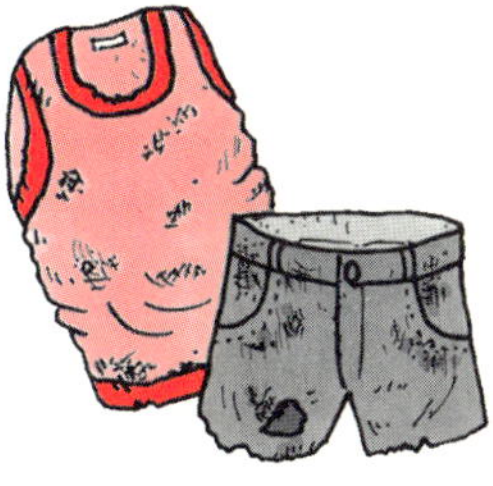

思《おも》いきってすてよう

洗《あら》えばきれいになる服《ふく》

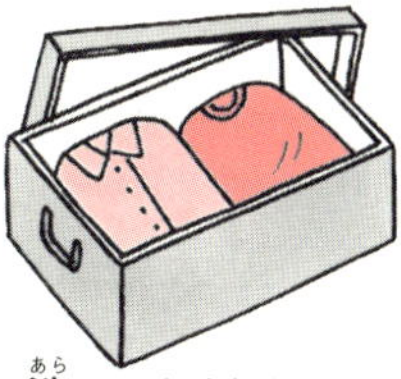

洗《あら》ってよくかわかしてからしまおう

ステップ2 ⑥

学校《がっこう》でも整《せい》とんしよう

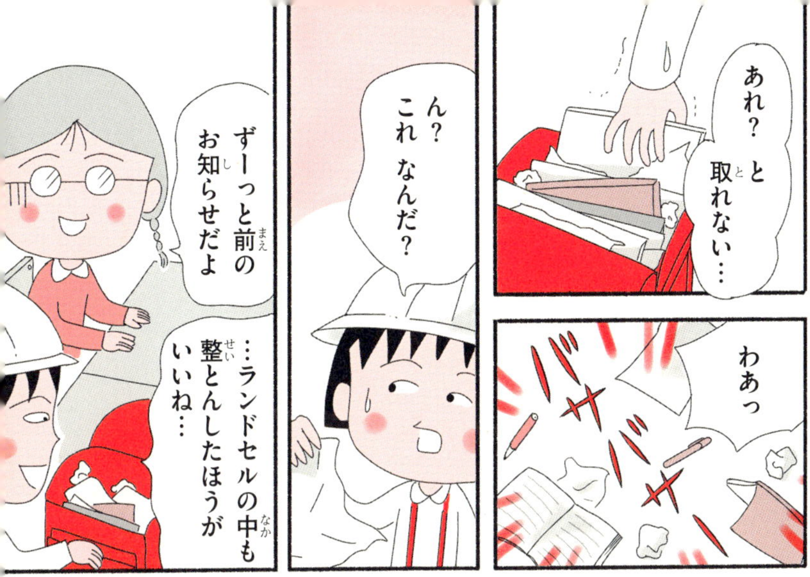

ランドセル

ハンカチやティッシュなどの小物《こもの》はポケットに（小物《こもの》入《い》れを使《つか》っても）

ノートや教科書《きょうかしょ》は大《おお》きさをそろえ、大《おお》きいものは背中側《せなかがわ》へ

プリント類《るい》は、クリアファイルなどに入《い》れて折《お》れないように

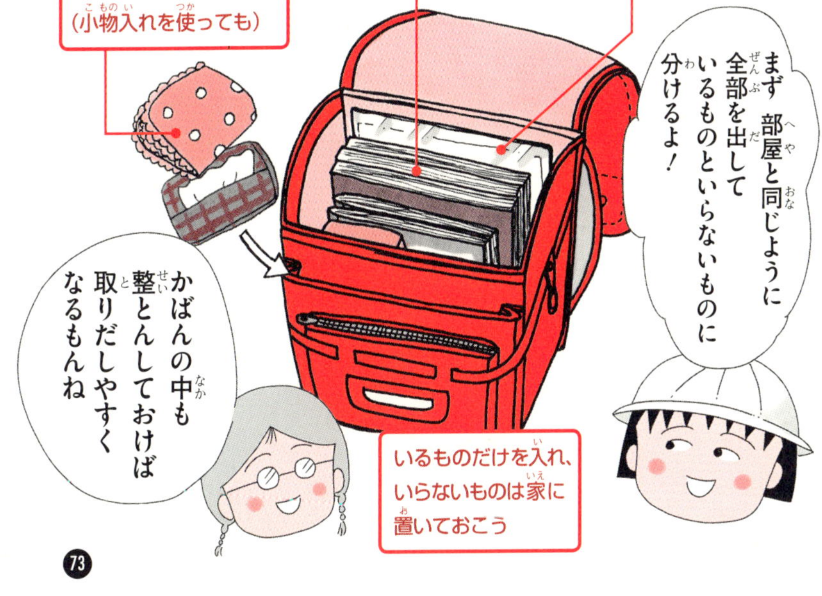

いるものだけを入《い》れ、いらないものは家《いえ》に置《お》いておこう

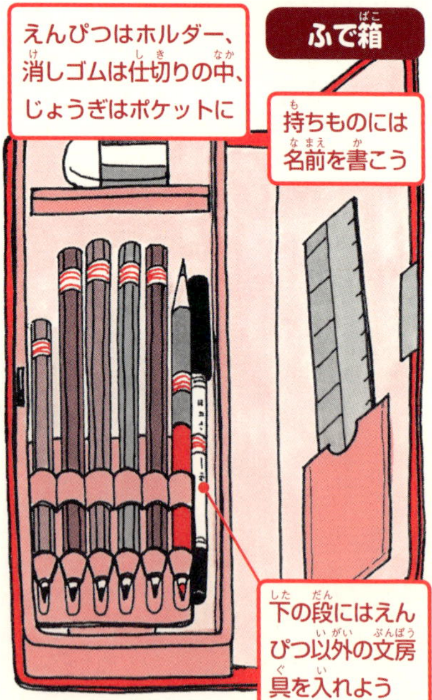

※ 名前《なまえ》のかわりに自分専用《じぶんせんよう》のもようつきマスキングテープをはれば、落《お》としたときにも自分《じぶん》のものだとわかりやすいよ。

は入《はい》らない…
ちょっとさくらさん！
そうじで机《つくえ》を動《うご》かすたびに中身《なかみ》がボロボロと落《お》ちてくるのよ！
ぐちゃぐちゃにしてると今《いま》に大事《だいじ》なものをなくすわよ
ぜったいにねっ
ひっ
前田《まえだ》さんの予言《よげん》…
たしかにこの間《あいだ》も宿題《しゅくだい》のプリントなくしたと思《おも》ったら
！
あ…
机《つくえ》のおくのほうにあったっけ…
わたしが整《せい》とんのしかたを教《おし》えてあげるわ！

机《つくえ》の中《なか》のひきだし
教科書《きょうかしょ》やノートはまとめてそろえておこう
道具箱《どうぐばこ》などをひきだしがわりにすると整《せい》とんしやすいね！
クレヨン
のり
文房具《ぶんぼうぐ》はよく使《つか》うものを手前《てまえ》に
ふー
スッキリ
ありがとう前田《まえだ》さん！あとはランドセルをロッカーに…
イヤな予感《よかん》がするわ…
これはひどいわさくらさん！
でもォ
ロッカーはそうじで動《うご》かすこともないからいいでしょ
ぐ
ちゃ…
いやぁ やっぱり整《せい》とんしたほうが…
はじめるわよ！

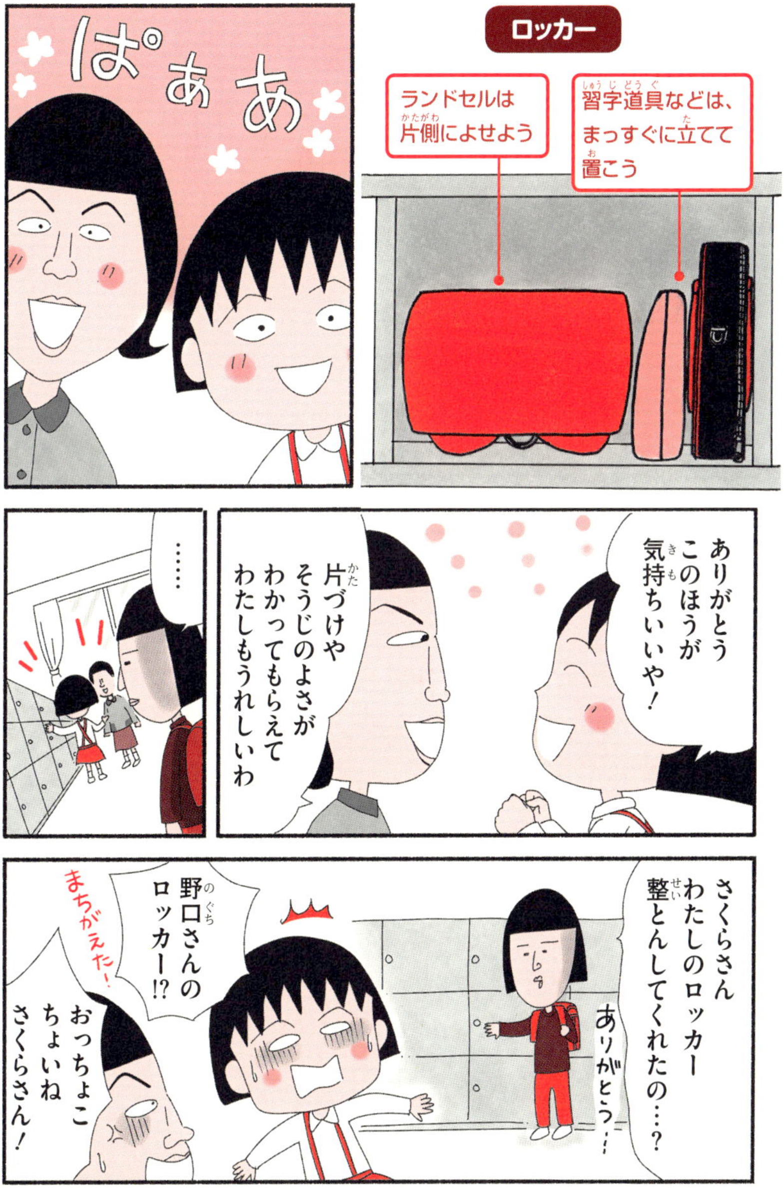
ロッカー
ランドセルは片側《かたがわ》によせよう
習字道具《しゅうじどうぐ》などは、まっすぐに立《た》てて置《お》こう
ぱぁあ
ありがとう このほうが気持《きも》ちいいや!
片《かた》づけやそうじのよさがわかってもらえてわたしもうれしいわ
……
さくらさん わたしのロッカー整《せい》とんしてくれたの…?
ありがとう…!
野口《のぐち》さんのロッカー!?
まちがえた!
おっちょこちょいね さくらさん!

コラム 6

帰宅後《きたくご》とねる前《まえ》は整《せい》とんタイム

帰宅《きたく》したら することと

つかれたな〜なんてときも、やることをおわらせてからすっきりした気持《きも》ちでくつろごう♥

玄関《げんかん》でくつをそろえる

そろっていないとあとから帰《かえ》ってくる人《ひと》にめいわくだよ。

上着《うわぎ》、ぼうしを片《かた》づける

連絡帳《れんらくちょう》や手紙《てがみ》をわたす

おうちの人《ひと》に、きょうあったことを報告《ほうこく》しよう。

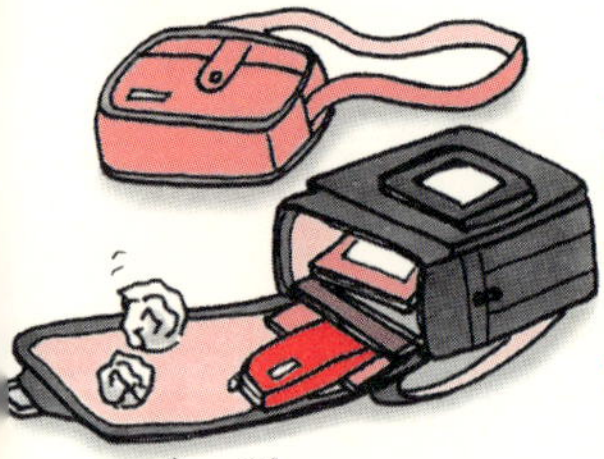

ランドセル、かばんを片《かた》づける

持《も》ち帰《かえ》ったゴミもこのときにすてよう。

よごれものを出《だ》す

弁当箱《べんとうばこ》やハンカチもすぐに出《だ》さないとわすれちゃうよ。

使《つか》ったかさは広《ひろ》げて干《ほ》す

ぬれたまましまうと、さびたりくさくなったりするよ。

ねるまでにすること

朝《あさ》はあわただしいからついわすれものをしがち。
前日《ぜんじつ》に準備《じゅんび》するくせをつけよう！

えんぴつをけずる

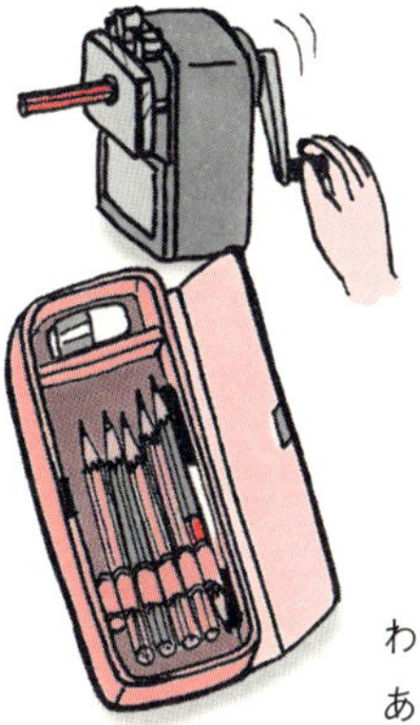

時間割《じかんわり》をそろえる

わすれものをしないよう、あしたの持《も》ちものを準備《じゅんび》しておこう。

宿題《しゅくだい》をする

早《はや》めにおわらせると気持《きも》ちもらくだよ。

目覚《めざ》ましをかける

ちこくしないようにね！

あした着《き》る服《ふく》を決《き》めておく

当日《とうじつ》、えらんでいると時間《じかん》がなくなっちゃうよ。

ハンカチ、ティッシュをそろえる

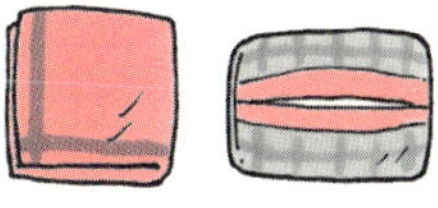

ないと学校《がっこう》でこまっちゃうよ。

ステップ 2 整《せい》とん まとめ

同《おな》じ種《しゅ》類《るい》のものは
1か所《しょ》にまとめよう。

使《つか》いやすい場《ば》所《しょ》を
ものの定《てい》位《い》置《ち》にしよう。

しまいかたは、出《だ》しやすく、もどしやすく。

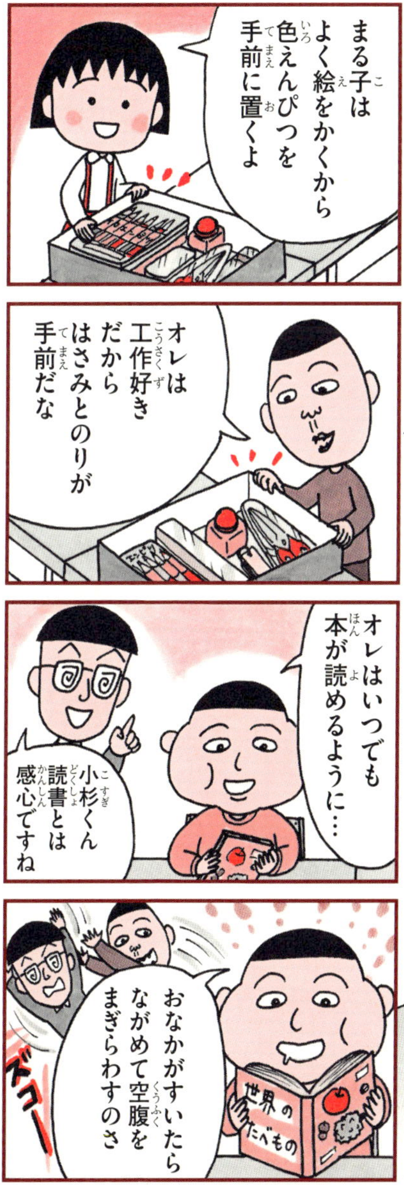
まる子《こ》は
よく絵《え》をかくから
色《いろ》えんぴつを
手前《てまえ》に置《お》くよ
オレは
工作好《こうさくず》き
だから
はさみとのりが
手前《てまえ》だな
オレはいつでも
本《ほん》が読《よ》めるように…
小杉《こすぎ》くん
読書《どくしょ》とは
感心《かんしん》ですね
おなかがすいたら
ながめて空腹《くうふく》を
まぎらわすのさ
ズコー
世界のたべもの

ステップ2 整《せい》とんをすると、こんな力《ちから》が身《み》につく！

どう収納《しゅうのう》したら使《つか》いやすくなるのかを考《かんが》えることで、「工夫《くふう》する力《ちから》」がつく。

自分《じぶん》の持《も》っているものを大切《たいせつ》だと思《おも》えると、自信《じしん》や感謝《かんしゃ》の気持《きも》ちが持《も》てる。

ステップ
3

片《かた》づけ

使《つか》ったものを置《お》き場《ば》所《しょ》にもどす、
新《あたら》しくふえたものの
置《お》き場《ば》所《しょ》を決《き》める

使《つか》ったら
置《お》き場所《ばしょ》に
もどそう
ステップ3
1
MOMOE
わーい
きれいに
なった!
がんばったわね
まる子《こ》
きれいな部屋《へや》で
ゴロゴロするのは
格別《かくべつ》だねえ
ひょいっ
アハハハ
バリバリ
………

1時間後《じかんご》——
……
まる子《こ》…早《はや》くもこの部屋《へや》に"ちらかりサイン"が出《で》てきたみたいよ…
ちらかりサイン!?

ものを積《つ》み上《あ》げている（下《した》のものを取《と》りだすときにくずれちゃうよ）
むりやりつめこんでひきだしがあけにくくなっている
ひきだしからはみだしている
床《ゆか》に置《お》いている（そうじがしにくいよ）

ねる前《まえ》に片《かた》づけようと思《おも》ってたんだよ~~ォ
やってるわね~
これ全部《ぜんぶ》片《かた》づけるのにどれくらい時間《じかん》かかると思《おも》うの?
そうねー
使《つか》いおわったものはそのつどもどせば片《かた》づけの時間《じかん》が短《みじか》くてすむし
そのつど
こんなにちらからずにすむわね
片《かた》づけがきちんとできていないとものがくずれてきたり
つまずいたりしてケガすることもあるんだからっ
そういえばこの間つまずいたよ…

もしも片《かた》づけにくい
ものがあれば
もう一度《いちど》しまい場所《ばしょ》を
決《き》めなおせばいいのよ
なにか
なかった？
そうだな
色《いろ》えんぴつはお絵《え》かきで
使《つか》うから…
いろえんぴつ
机《つくえ》の中《なか》に
しまったほうが
よさそうだよ！
あと この箱《はこ》の中《なか》が
いっぱいになっちゃっ
たんだよね…
そういうときは
はじめにもどって
考《かんが》えるのよ
えっ
もどるの？
いいから
いいから
大丈夫よ

片《かた》づけがうまくいかなくなったら…
もどろう！
ステップ1
もう一度《いちど》、いるものといらないものに分《わ》けて、いらないものを手《て》ばなそう
先週《せんしゅう》のお知《し》らせのプリントはもうすてて
小《ちい》さくなった服《ふく》は小《ちい》さい子《こ》にあげればいいのか…
そうっ
新《あたら》しいものを買《か》ったときも置《お》き場所《ばしょ》を決《き》めてはみだしたものを手《て》ばなすのよ
なるほどね
整理整《せいりせい》とんができていればものの置《お》き場所《ばしょ》が決《き》まっているから片《かた》づけは今《いま》までよりずっとらくなはずよ！
うんっ
整理整《せいりせい》とんすればおわりじゃないんだね…
ボリボリ
？
ってそれわたしのおやつでしょ!?
まる子《こ》の胃袋《いぶくろ》に整《せい》とんだよ

コラム7

ものを大事《だいじ》にあつかおう

こんなことをすると
ものがいたみやすいよ

ものを乱暴《らんぼう》にあつかう

こわれたり
きずついたりするよ。

きれいなものとよごれたものをいっしょにする

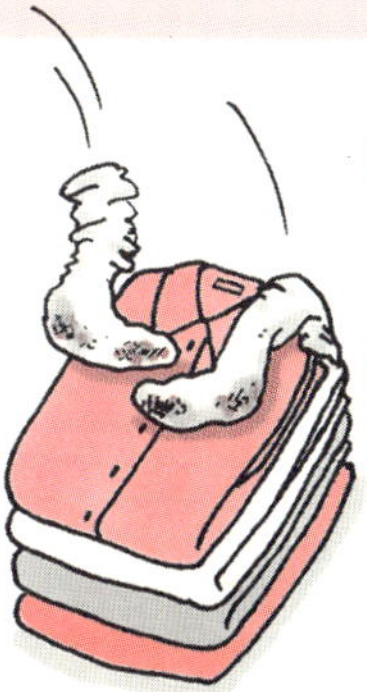

よごれがきれいなものに
ついちゃうよ。

型《かた》くずれしやすい服《ふく》をぐちゃぐちゃに置《お》く

服《ふく》がシワシワになったり、
へんな形《かたち》にのびたりするよ。

ひきだしにギューギューにつめこむ

ひきだしがあかなくなるし、
はさまってものがいたむよ。

かばんの中身《なかみ》を入《い》れたままフックにかける

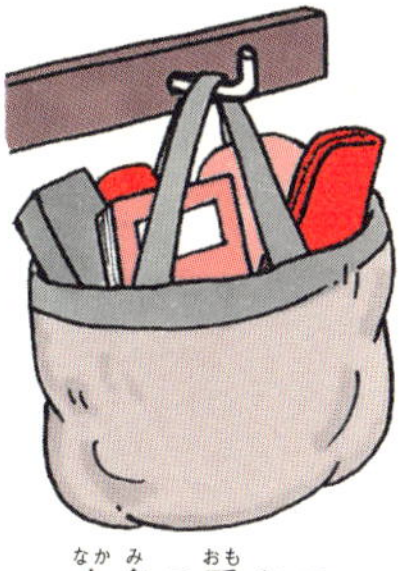

中身《なかみ》の重《おも》さで
かばんに負担《ふたん》がかかり、
いたみやすくなるよ。

ものをどんどん積《つ》み上《あ》げる

下《した》のものが取《と》りだしにくい
し、重《おも》みでつぶれちゃうよ。

コラム 8

片《かた》づけの天敵《てんてき》「〜っぱなし」

こんな「〜っぱなし」は ちらかりサイン！

ひきだしのあけっぱなし

ひきだしの角《かど》にぶつかったら
あぶない！

服《ふく》、かばんの置《お》きっぱなし

服《ふく》にシワがついちゃうよ！

本《ほん》の読《よ》みっぱなし

読《よ》みかけをふせて置《お》きっぱなし
にすると本《ほん》がいたむよ。

おもちゃの使《つか》いっぱなし

こわれる原因《げんいん》になることも。

お皿《さら》、コップの出《だ》しっぱなし

早《はや》く流《なが》しに持《も》っていかないと、
よごれがこびりつくよ。

おかしの袋《ふくろ》のあけっぱなし

しけって
おいしくなくなっちゃうよ。

こんな「〜っぱなし」は エコじゃない！

テレビ、ゲームのつけっぱなし

時間《じかん》を決《き》めて使《つか》おう。

冷蔵庫《れいぞうこ》のあけっぱなし

とびらをあけたままなにを出《だ》すかなやんでいると電気代《でんきだい》がかかるよ。

電気《でんき》のつけっぱなし

使《つか》わないときはこまめに消《け》そう。

ドアのあけっぱなし

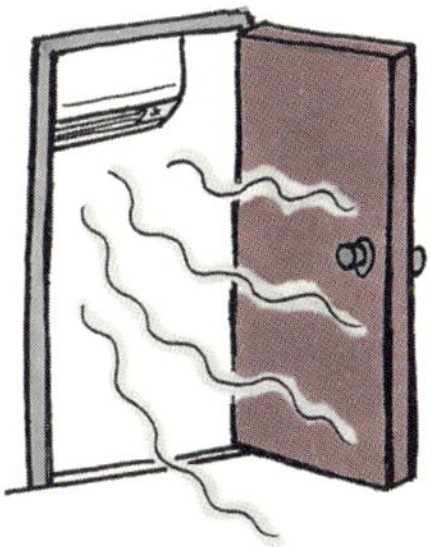

暖房《だんぼう》や冷房《れいぼう》をかけているときは、せっかくの暖《あたた》かい空気《くうき》や冷《つめ》たい空気《くうき》がにげちゃうよ。

水《みず》の出《だ》しっぱなし

歯《は》みがきのときや石《せっ》けんで手《て》を洗《あら》うときは一度《いちど》水《みず》を止《と》めよう。

おふろのふたのあけっぱなし

お湯《ゆ》が冷《さ》めちゃうよ。

みんなで使《つか》う場所《ばしょ》もきれいに
ステップ3 ②
は〜 やっと部屋《へや》がきれいになった…
まる子《こ》に教《おし》えるのは本当《ほんとう》にたいへんだったわ…
ガラッ
居間《いま》でお茶《ちゃ》でも飲《の》んでリラックスしよう
ゲラ ゲラ
クレヨン
はっ
ちょっと…これどういうこと……?
え… まさか居間《いま》も片《かた》づけなきゃダメ?
もちろんよ! みんなで使《つか》う場所《ばしょ》でしょ!

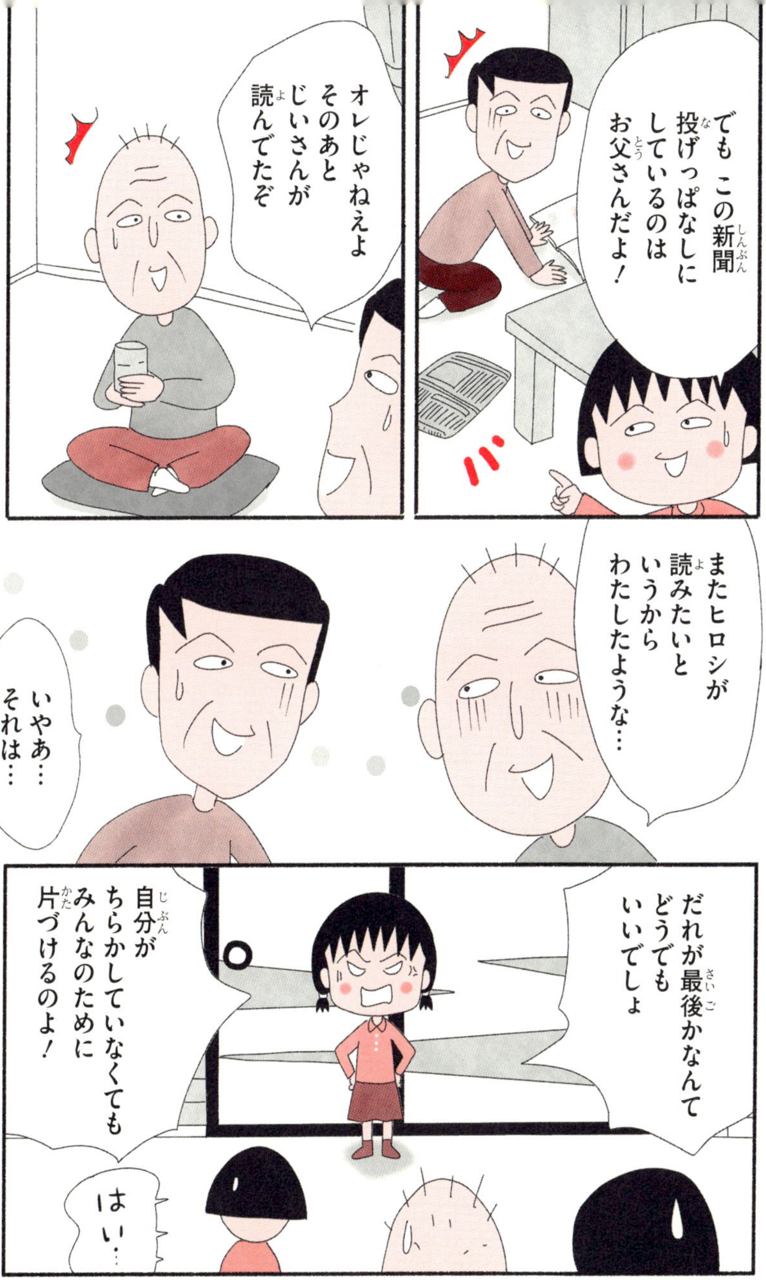
でも この新聞《しんぶん》
投《な》げっぱなしに
しているのは
お父《とう》さんだよ！
バ
オレじゃねえよ
そのあと
じいさんが
読《よ》んでたぞ
またヒロシが
読《よ》みたいと
いうから
わたしたような…
いやあ…
それは…
だれが最後《さいご》かなんて
どうでも
いいでしょ
自分《じぶん》が
ちらかしていなくても
みんなのために
片《かた》づけるのよ！
はい…

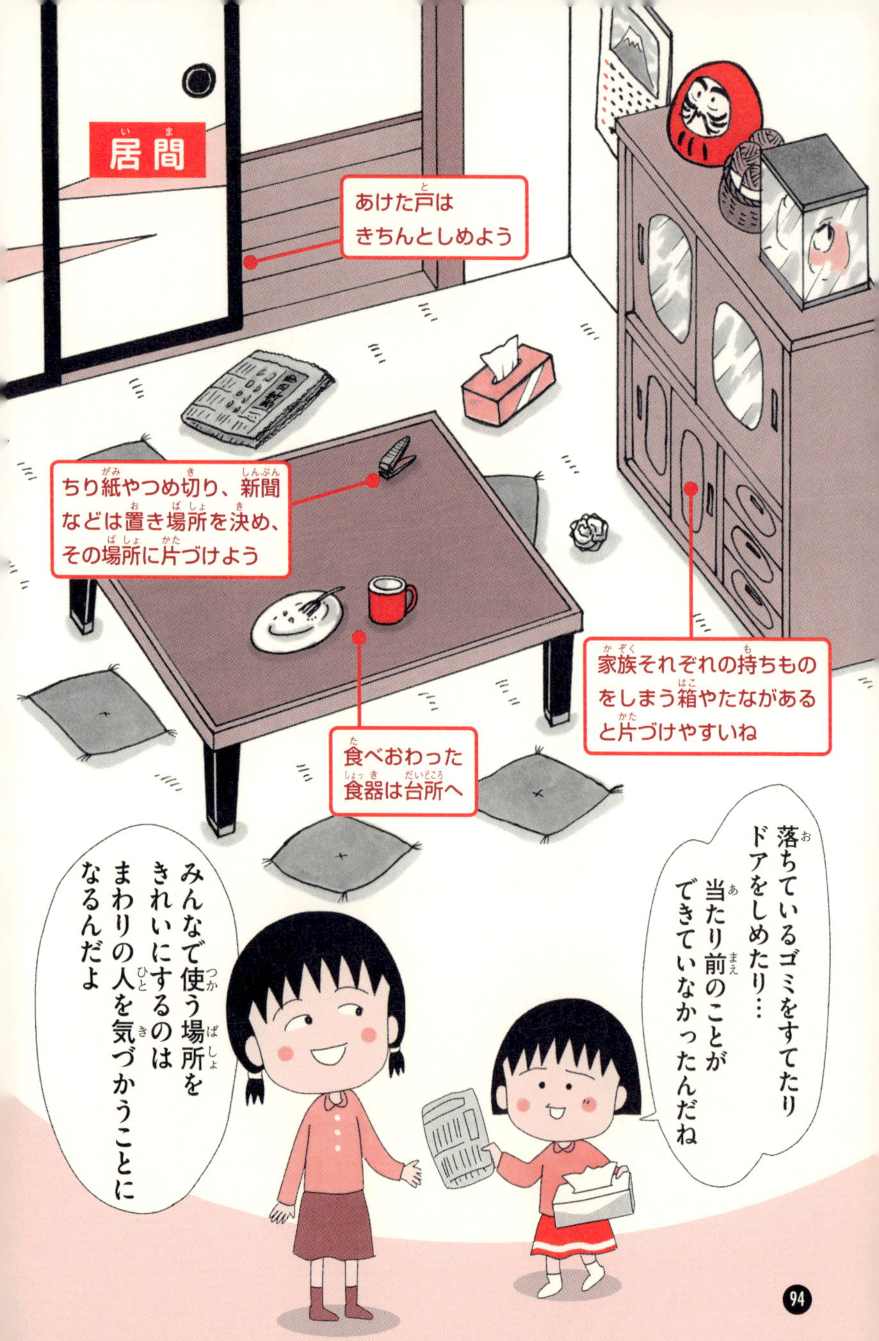
居間《いま》
あけた戸《と》は
きちんとしめよう
ちり紙《がみ》やつめ切《き》り、新聞《しんぶん》
などは置《お》き場所《ばしょ》を決《き》め、
その場所《ばしょ》に片《かた》づけよう
家族《かぞく》それぞれの持《も》ちもの
をしまう箱《はこ》やたながある
と片《かた》づけやすいね
食《た》べおわった
食器《しょっき》は台所《だいどころ》へ
落《お》ちているゴミをすてたり
ドアをしめたり…
当《あ》たり前《まえ》のことが
できていなかったんだね
みんなで使《つか》う場所《ばしょ》を
きれいにするのは
まわりの人《ひと》を気《き》づかうことに
なるんだよ

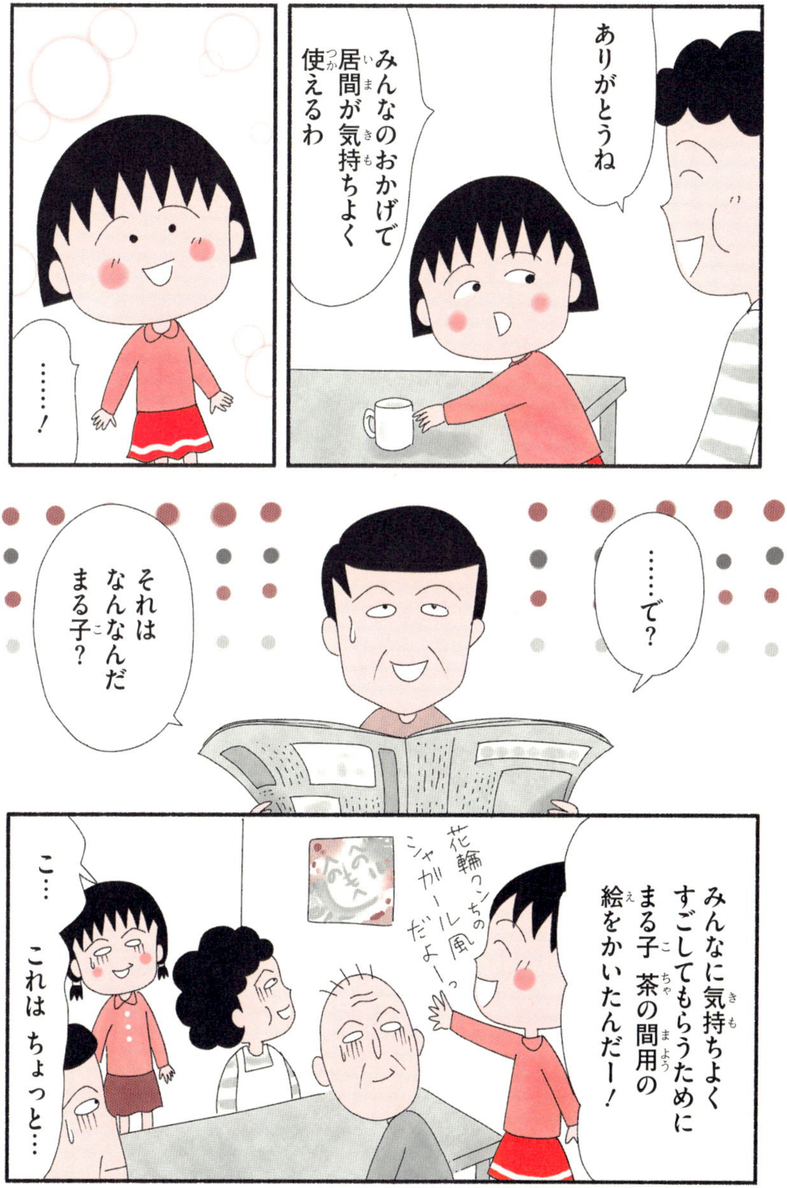
ありがとうね
みんなのおかげで居間《いま》が気持《きも》ちよく使《つか》えるわ
……!
……で?
それはなんなんだまる子《こ》?
みんなに気持《きも》ちよくすごしてもらうためにまる子《こ》 茶《ちゃ》の間《ま》用《よう》の絵《え》をかいたんだー!
花輪クンちのシャガール風だよーっ
こ…
これは ちょっと…

コラム9

家《いえ》じゅうお片《かた》づけ

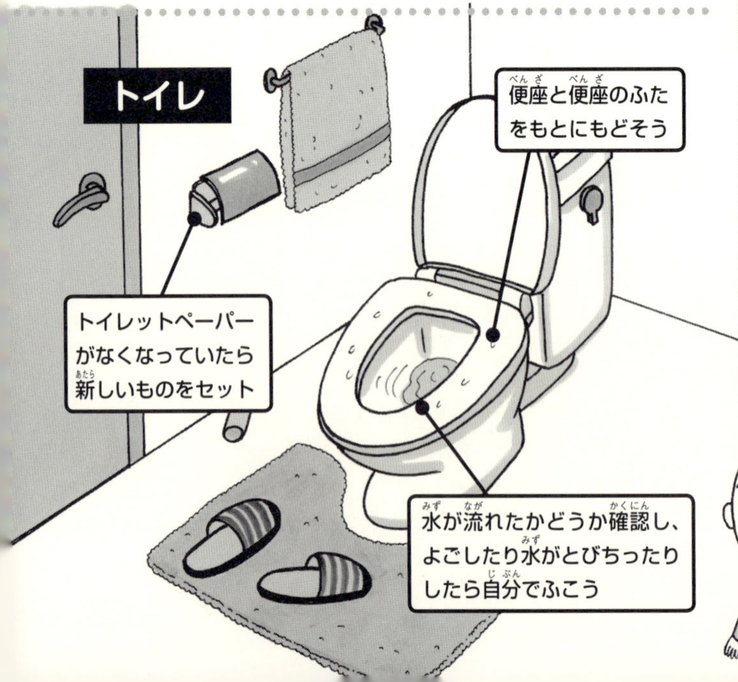

おふろ

お湯《ゆ》にういた髪《かみ》の毛《け》やゴミはすくってすてよう
石《せっ》けんなどのあわですべらないよう、水《みず》で床《ゆか》をさっと流《なが》しておこう
足《あし》ふきタオルがビチャビチャにならないよう、おふろ場《ば》の中《なか》で体《からだ》を軽《かる》くふきとろう

洗面所《せんめんじょ》

じゃぐちをしっかりしめよう
髪《かみ》の毛《け》などのゴミは排水《はいすい》口《こう》がつまらないようゴミ箱《ばこ》にすてよう
鏡《かがみ》や洗面台《せんめんだい》、じゃぐち、床《ゆか》がぬれたらきれいにふこう

ステップ3
3
食後《しょくご》の片《かた》づけを手伝《てつだ》おう
まる子《こ》 片《かた》づけ上手《じょうず》にできたみたいね
アハハハ
まあね お姉《ねえ》ちゃんの教《おし》えかたもわかりやすかったしカンペキっていうのかな まる子《こ》の特技《とくぎ》は片《かた》づけになっちゃったよ
ごちそうさま〜！
まる子《こ》
食事《しょくじ》のあとにも片《かた》づけが必要《ひつよう》って知《し》ってた？
自分《じぶん》が使《つか》った食器《しょっき》を自分《じぶん》で片《かた》づけてくれるとお母《かあ》さん助《たす》かるわ
みんなのためにお手伝《てつだ》いができてはじめて本当《ほんとう》に「カンペキ」になるわね
なるほど！

① 食器《しょっき》を台所《だいどころ》にはこぼう

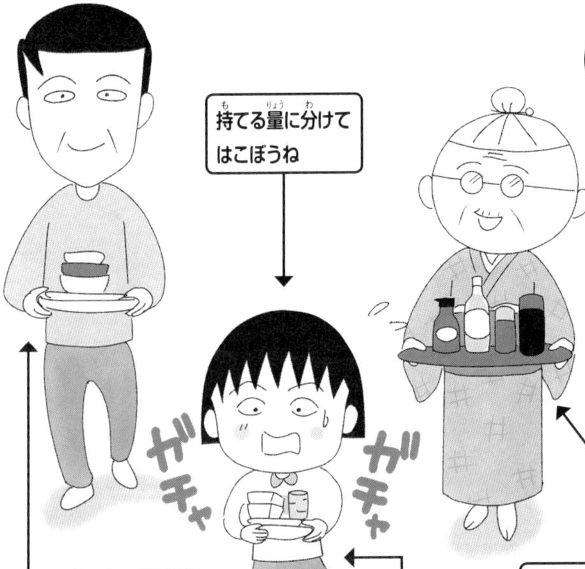

持《も》てる量《りょう》に分《わ》けてはこぼうね

洗《あら》う手間《てま》をふやさないよう、油《あぶら》のついた皿《さら》は重《かさ》ねないようにしよう

静《しず》かにそっとはこぼうね

調味料《ちょうみりょう》も片《かた》づけてくれると助《たす》かるよ

② テーブルをふこう

食器《しょっき》を下《さ》げおわってから、固《かた》くしぼった台《だい》ふきんですみずみまでふくときれいになるよ

③ 食器《しょっき》についたソースや油《あぶら》は、洗《あら》う前《まえ》にふきとろう

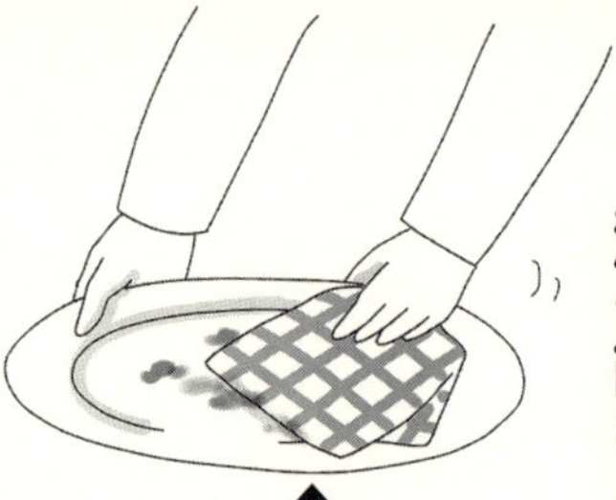

キッチンペーパーなどでざっとふきとると、水《みず》のよごれが少《すく》なくてすむよ

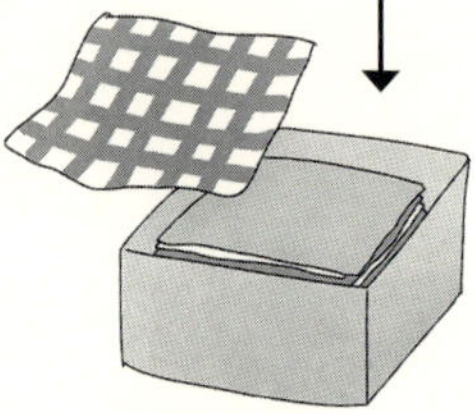

着《き》られなくなった服《ふく》を小《ちい》さく切《き》ったものでもいいね

④ 食器《しょっき》を洗《あら》おう

手《て》あれする人《ひと》はゴム手《て》ぶくろをするといいよ

エプロンをつけて、長《なが》そでのときはそでをまくると、服《ふく》がよごれないよ

洗剤《せんざい》をスポンジでよくあわだててから洗《あら》おう

よごれの少《すく》ないものから洗《あら》うと、よごれがほかの食器《しょっき》にうつらずにすむね

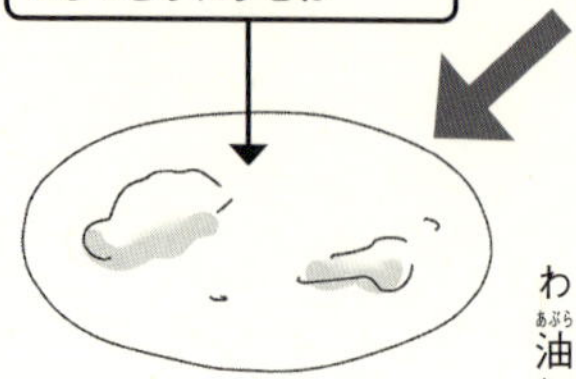

われやすいガラスや水《みず》に弱《よわ》い木《き》の食器《しょっき》は先《さき》に、油《あぶら》がついた食器《しょっき》はよごれをうつさないよう最後《さいご》に洗《あら》おう。

⑤ 食器《しょっき》をすすごう

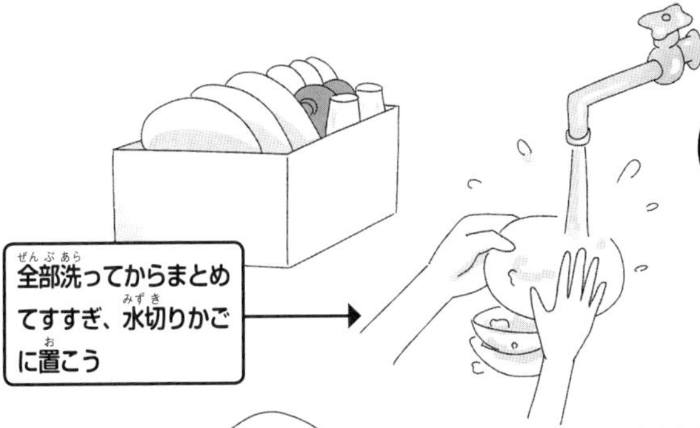

⑥ 食器《しょっき》をしまおう

ステップ 3 片《かた》づけ まとめ

使《つか》ったものは
置《お》き場《ば》所《しょ》にもどそう。
新《あたら》しくふえたものの
置《お》き場《ば》所《しょ》を決《き》めよう。

みんなで使《つか》う場《ば》所《しょ》も
きれいにしよう。

食《しょく》後《ご》の片《かた》づけを手《て》伝《つだ》おう。

まんが
まんがはここ
おやつはここ
ジュースはここ
バッ
あんた…コタツから一歩《いっぽ》も動《うご》かない気《き》だね…

ステップ3 片《かた》づけをすると、こんな力《ちから》が身《み》につく！

毎日《まいにち》気《き》づいたときに片《かた》づけることで、コツコツと積《つ》み上《あ》げる力《ちから》がつく。

コツ
コツ

ものを同《おな》じ場所《ばしょ》へもどすことで、次《つぎ》に使《つか》う人《ひと》を思《おも》いやる心《こころ》が育《そだ》つ。

まる子《こ》ちゃんと
つめ切《き》り
もどしてくれた
んじゃな

ステップ 4

そうじ

よごれをふいたり、
そうじ機《き》をかけたりする

ステップ 4
よごれをとって ピカピカに
まる子《こ》がお片《かた》づけを がんばっていると 聞《き》いて見《み》に来《き》たよ
おや なんだか ほこりっぽいのう
片《かた》づけたときに ほこりがたっちゃったのかなあ
そうじをしないと ほこりがたまるだけじゃなくて
カビがはえたり ダニが出《で》たりすることも あるからのう
ぞっ
カビ…!?
カビやダニは アレルギーの原因《げんいん》にも なるんじゃよ
まる子《こ》 健康《けんこう》に くらしたいよ〜
わーん
ようし それじゃ
わたしが 上手《じょうず》な そうじのしかたを 教《おし》えてやろうかね!

そうじをするときの服《ふく》そう

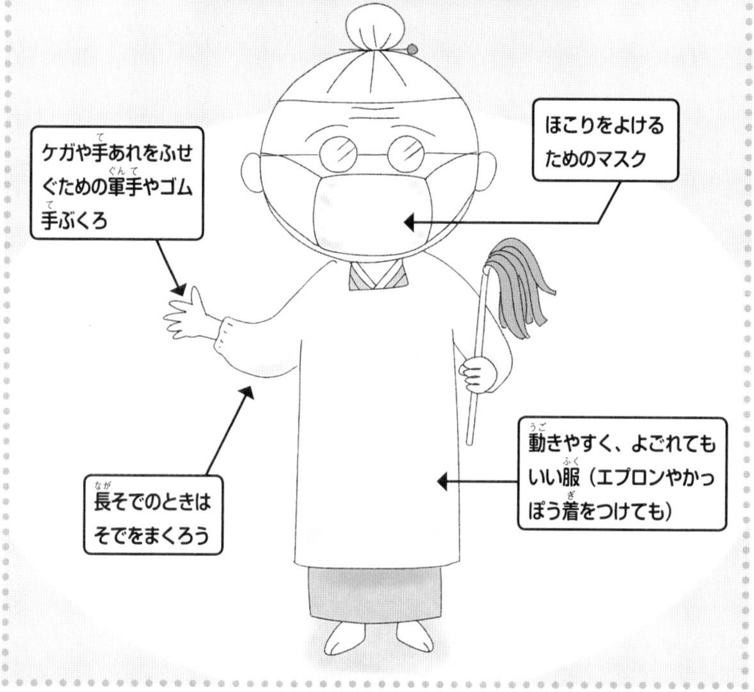
ケガや手《て》あれをふせぐための軍手《ぐんて》やゴム手《て》ぶくろ
ほこりをよけるためのマスク
動《うご》きやすく、よごれてもいい服《ふく》（エプロンやかっぽう着《ぎ》をつけても）
長《なが》そでのときはそでをまくろう

ちょっと大《おお》げさすぎない…？
きょうは大《おお》そうじだからの！
毎日《まいにち》のそうじのときはここまでしなくてもだいじょうぶじゃ

そうじ用具《ようぐ》
洗《せん》ざい
ぞうきん
バケツ
カーペット
クリーナー
モップ
そうじ機《き》

①ほこりがたつので、
部屋《へや》のまどをあける
寒《さむ》い日《ひ》も
ガマンじゃ！

②ゴミをひろう
ちらかっているものを片《かた》づける

③高《たか》いところから低《ひく》いところへ順《じゅん》にモップなどをかけてほこりをとる
④机《つくえ》、本《ほん》だな、タンスなどをふきそうじ

ふきそうじのコツ

机《つくえ》などはふき残《のこ》しがないようジグザグにふこう

バケツの水《みず》にぞうきんを入《い》れてぬらし、両手《りょうて》で固《かた》くしぼってから一度《いちど》広《ひろ》げ、手《て》の大《おお》きさに合《あ》わせてたたもう（洗《せん》ざいを入《い》れるときは使用上《しようじょう》の注意《ちゅうい》をよく読《よ》もう）

よごれたらその面《めん》を内側《うちがわ》にしてまたふき、両面《りょうめん》がよごれたらバケツに入《い》れ両手《りょうて》でもんで洗《あら》おう

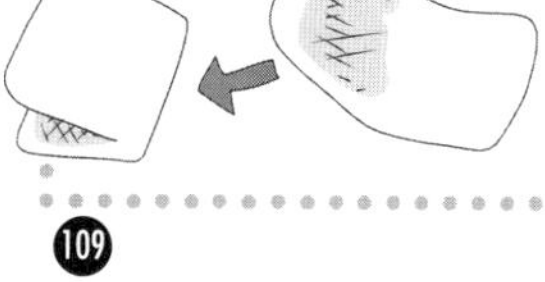

たてに持《も》つと
よくしぼれるんじゃ

上《うえ》から下《した》、おくから手前《てまえ》へふき、落《お》ちにくいよごれは力《ちから》を入《い》れてゴシゴシしよう

⑤床《ゆか》にそうじ機《き》をかける
動《うご》かせるものはどかしてかけよう
フローリングやたたみは目《め》にそってゆっくり動《うご》かしてすいこむときれいになるよ
家具《かぐ》にそうじ機《き》をぶつけると家具《かぐ》がいたむから気《き》をつけての
机《つくえ》の下《した》などわすれがちなところもすみまでしっかりかけよう
せまいところは細《ほそ》いノズルにつけかえるとべんりだよ

⑥床《ゆか》がフローリングならふきそうじ　カーペットならカーペットクリーナーでコロコロ
⑦まどガラスはぞうきんや水《みず》スプレーでぬらし、新聞紙《しんぶんし》などで上《うえ》から下《した》にふきとる
⑧サッシレールなど細《こま》かいところは、わりばしに布《ぬの》などを巻《ま》きつけたものや古《ふる》い歯《は》ブラシでよごれをかきだす
なんだか部屋《へや》が明《あか》るくなったみたい…
今回《こんかい》は大《おお》そうじだからたいへんじゃったけどふだんから小《こ》そうじをしておけば大《おお》そうじをしなくてすむんじゃよ

小《こ》そうじ…？
消《け》しゴムのカスやおかしのくずが出《で》たらさっと集《あつ》めてすてるとか
ゴミをひろったりこまめにゴミ箱《ばこ》を空《から》にしたりとか
よごれを見《み》つけたらぞうきんや古《ふる》い布《ぬの》でさっとふくとか
あっ　その布《ぬの》わたしの小《ちい》さくなったT《ティー》シャツ！
そうかい
まる子《こ》が整理《せいり》して手《て》ばなしたものがこうやって役《やく》に立《た》つんじゃのう
整理整《せいりせい》とんと片《かた》づけそうじまで…
気持《きも》ちよくくらすためにつながっているんだね！

コラム 10

はきそうじをしよう

ほうきとちりとりで上手《じょうず》にゴミを集《あつ》めるには、コツがあるんじゃよ

1

片手《かたて》でほうきの上《うえ》のほうを、もう片方《かたほう》の手《て》で少《すこ》しはなれたところを持《も》つ。

2

ほうきを上《うえ》の手《て》でささえながら、下《した》の手《て》を動《うご》かしてゴミを集《あつ》める。

大《おお》きく動《うご》かすとゴミやほこりがちらばってしまうよ。

短《みじか》いほうきは片手《かたて》でにぎって使《つか》おう。

3

片方《かたほう》の手《て》でちりとりの先《さき》を床《ゆか》につけて少《すこ》しななめにし、もう片方《かたほう》の手《て》でほうきでしずかにはいて集《あつ》めたゴミを入《い》れる。

4

ちりとりを少《すこ》しずつ後《うし》ろにずらしながら、残《のこ》りのゴミを入《い》れる。

ゴミがなくなったら、げんかんはぞうきんでふいたり、ベランダは水《みず》を流《なが》しながらブラシでこすったりするともっときれいになるよ。

ステップ 4 そうじ まとめ

よごれをふいたり、
そうじ機《き》をかけたりしよう。

ふだんから気《き》がついたときに〝小《こ》そうじ〟をしておこう。

ステップ4 そうじをすると、こんな力《ちから》が身《み》につく！

そうじの順番《じゅんばん》や効率《こうりつ》を考《かんが》えることで、頭《あたま》を使《つか》うトレーニングになる。

こまめにそうじをすることで、清潔《せいけつ》で健康《けんこう》な生活《せいかつ》を意識《いしき》できるようになる。

ステップ 5

頭《あたま》の中《なか》も整《せい》理《り》整《せい》とん

時《じ》間《かん》やお金《かね》の使《つか》いかたを考《かんが》えよう

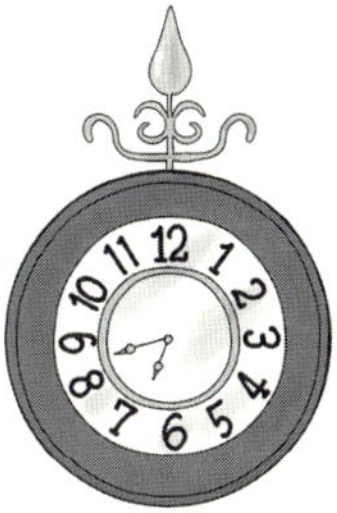

タイムスケジュールで時間《じかん》を大切《たいせつ》に

そうなんだよ たまちゃん
部屋《へや》がきれいになったのはいいんだけど…
うれしくて つい 部屋《へや》でずっとまんが読《よ》んじゃって ねる時間《じかん》がおそくなったりするんだよね…
アハハ
りぼん
ついでにおかしも食《た》べて またそうじしなくちゃいけなくなって 宿題《しゅくだい》するのもおそくなったり…
マンガとおかしは サイコーの組み合わせでしょ?
そうだけど…
ズバリ! そういうときは さくらさんの一日《いちにち》も 整理整《せいりせい》とんすれば よいでしょう!
一日《いちにち》を 整理整《せいりせい》とん…!?
まずは 一日《いちにち》のすごしかたが 目《め》で見《み》えるように 図《ず》にしてみるのです

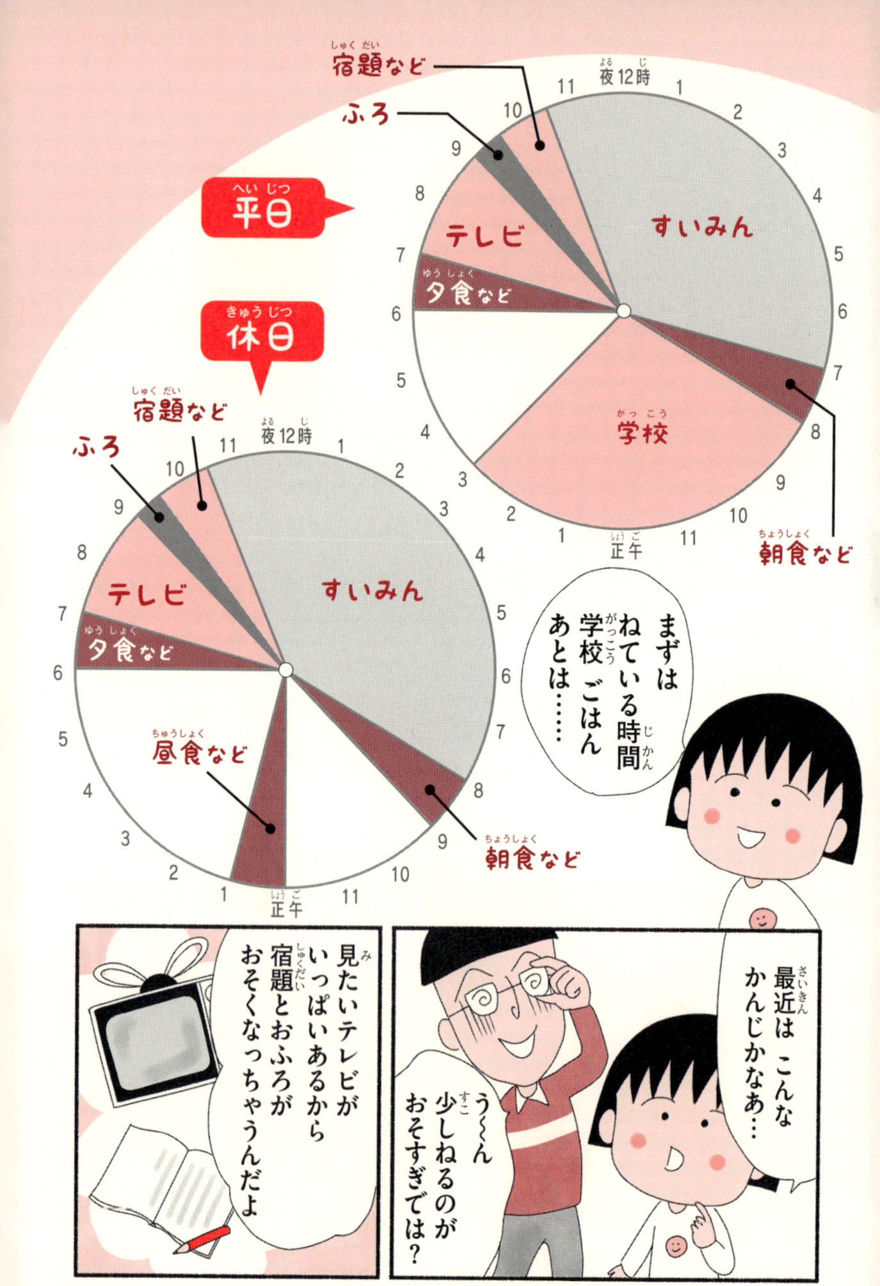
平日《へいじつ》
夜《よる》12時《じ》
宿題《しゅくだい》など
ふろ
テレビ
夕食《ゆうしょく》など
すいみん
学校《がっこう》
朝食《ちょうしょく》など
正午《しょうご》
休日《きゅうじつ》
夜《よる》12時《じ》
宿題《しゅくだい》など
ふろ
テレビ
夕食《ゆうしょく》など
すいみん
昼食《ちゅうしょく》など
朝食《ちょうしょく》など
正午《しょうご》
まずは ねている時間《じかん》 学校《がっこう》 ごはん あとは……
最近《さいきん》は こんなかんじかなあ…
う〜ん 少《すこ》しねるのが おそすぎでは？
見《み》たいテレビが いっぱいあるから 宿題《しゅくだい》とおふろが おそくなっちゃうんだよ

なにも書《か》いていない時間《じかん》には なにをしているでしょう？
え？なんだろ…なにもしてないかな…
であれば 宿題《しゅくだい》をその時間《じかん》にあて早《はや》めにおわらせたほうがよいでしょう
学校
しゅっ
ほかにやらなければいけないことややりたいことはありますか？
えっと…
最近《さいきん》は小《こ》そうじしているけれど休日《きゅうじつ》には まとまってそうじできる時間《じかん》もほしいかな〜
まるちゃんすごいっ
あと お手伝《てつだ》いも時間《じかん》のある休日《きゅうじつ》ならできるかも！
休日
朝食
？
？
では それを入《い》れてもう一度《いちど》図《ず》を作《つく》ってみましょう！

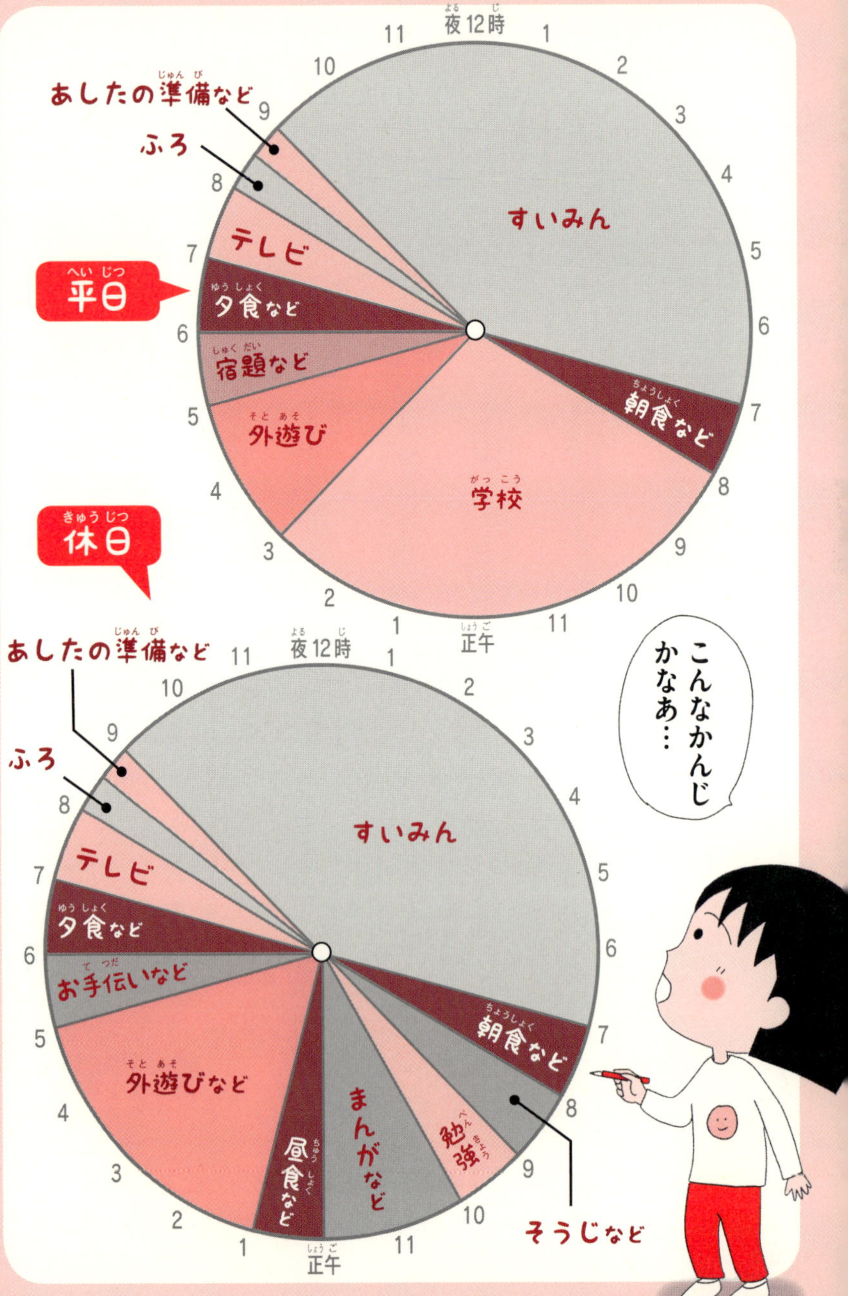
平日《へいじつ》
夜《よる》12時《じ》
すいみん
朝食《ちょうしょく》など
学校《がっこう》
外遊《そとあそ》び
宿題《しゅくだい》など
夕食《ゆうしょく》など
テレビ
ふろ
あしたの準備《じゅんび》など
正午《しょうご》
休日《きゅうじつ》
夜《よる》12時《じ》
すいみん
朝食《ちょうしょく》など
そうじなど
勉強《べんきょう》
まんがなど
昼食《ちゅうしょく》など
外遊《そとあそ》びなど
お手伝《てつだ》いなど
夕食《ゆうしょく》など
テレビ
ふろ
あしたの準備《じゅんび》など
正午《しょうご》
こんなかんじかなあ…

テレビの時間《じかん》を短《みじか》くしてねる時間《じかん》を早《はや》くしてみたよ
早《はや》ね早《はや》起《お》きは集中力《しゅうちゅうりょく》も高《たか》まりますからね！
改善《かいぜん》できるところを取《と》り入《い》れてすばらしい図《ず》になったでしょう！
あらあさくらさん
習《なら》いごとや自分《じぶん》みがきの時間《じかん》も入《い》れたほうがいいんじゃないかしら？
習《なら》いごとはしてないけど…自分《じぶん》みがきって…？
鏡《かがみ》を見《み》ながら理想《りそう》の姿《すがた》を想像《そうぞう》したり
世界一美しいわ♡
そのために努力《どりょく》することよ
ウエストのくびれを作るわよ
わたしには効果絶大《こうかぜつだい》みたい
みぎわさんの効果《こうか》のほどはわかりませんが
なによ！
たしかに予定《よてい》はあるていど余裕《よゆう》をもたせたほうがよいでしょう

そうだよね…つめこみすぎると予定《よてい》がずれたときにこまるよね
でしょ？
生活《せいかつ》をしながらときどき見直《みなお》してみるとより自分《じぶん》に合《あ》ったスケジュールにできそうだね
スケジュールをあらかじめ決《き》めるのがむずかしければ朝《あさ》か下校後《げこうご》にそのあとの時間《じかん》の使《つか》いかたを書《か》いてもよいでしょう
一日《いちにち》のすごしかたを決《き》めると規則《きそく》正《ただ》しい生活《せいかつ》ができるようになりそうだね！
下校後！
ぴら
まあ わたくしはこのようなスケジュールにそってしっかり生活《せいかつ》しておりますが
午前《ごぜん》6時《じ》
ドリル
朝食・
学校
・一番のりでそうじ（学級委員の公約）
宿題
公園など
勉強
夕食
ふろ
ポスター作り
すいみん
パトロール（選挙運動かねる）
次期学級委員のため
丸尾《まるお》くん…
そこまでして学級《がっきゅう》委《い》員《いん》になりたいんだね…

書《か》きこみ式《しき》 4　一日《いちにち》の タイムスケジュール

1 まずは、毎日《まいにち》ほぼ同《おな》じ時間《じかん》に行《おこな》う、決《き》まった予定《よてい》（朝食《ちょうしょく》、学校《がっこう》、夕食《ゆうしょく》、ふろ、すいみんなど）を書《か》きいれよう。

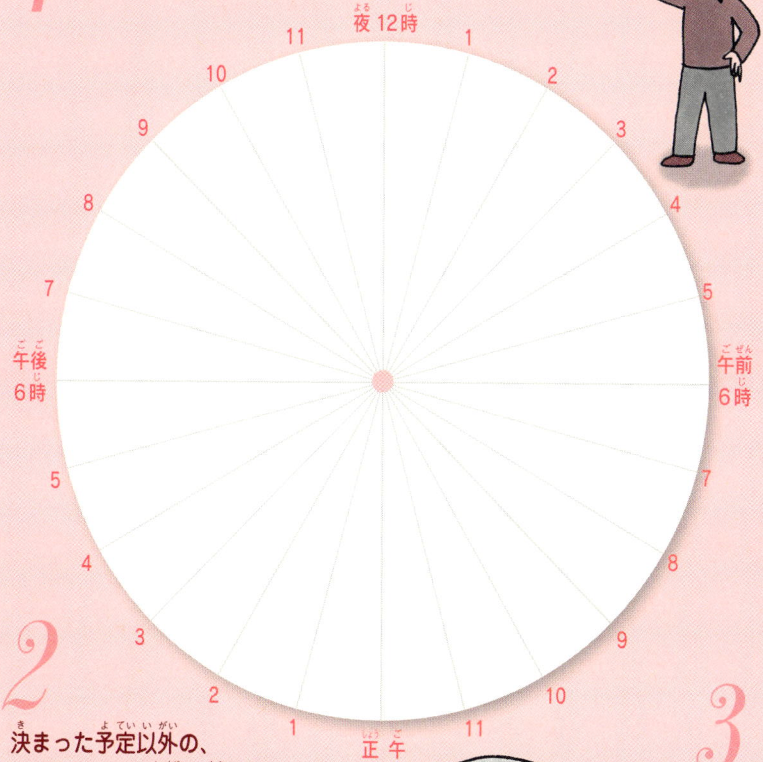

2 決《き》まった予定《よてい》以外《いがい》の、やるべきこと（宿題《しゅくだい》、習《なら》いごと、お手伝《てつだ》い など）、やりたいこと（外遊《そとあそ》び、ゲーム、テレビを見《み》る、本《ほん》やまんがを読《よ》む など）を書《か》きだしてみよう。

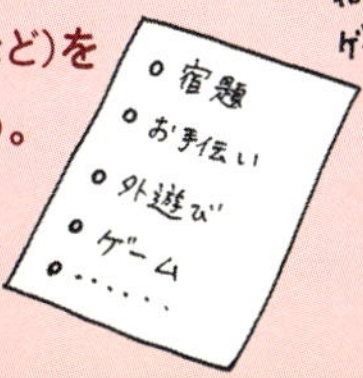

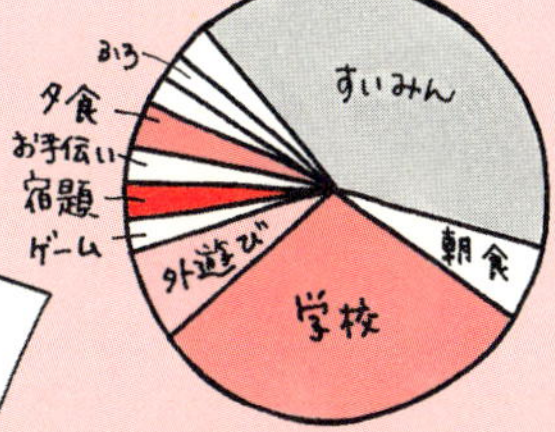

3 やるべきこと→やりたいことの順《じゅん》に、あいている時間《じかん》に書《か》きいれていこう。

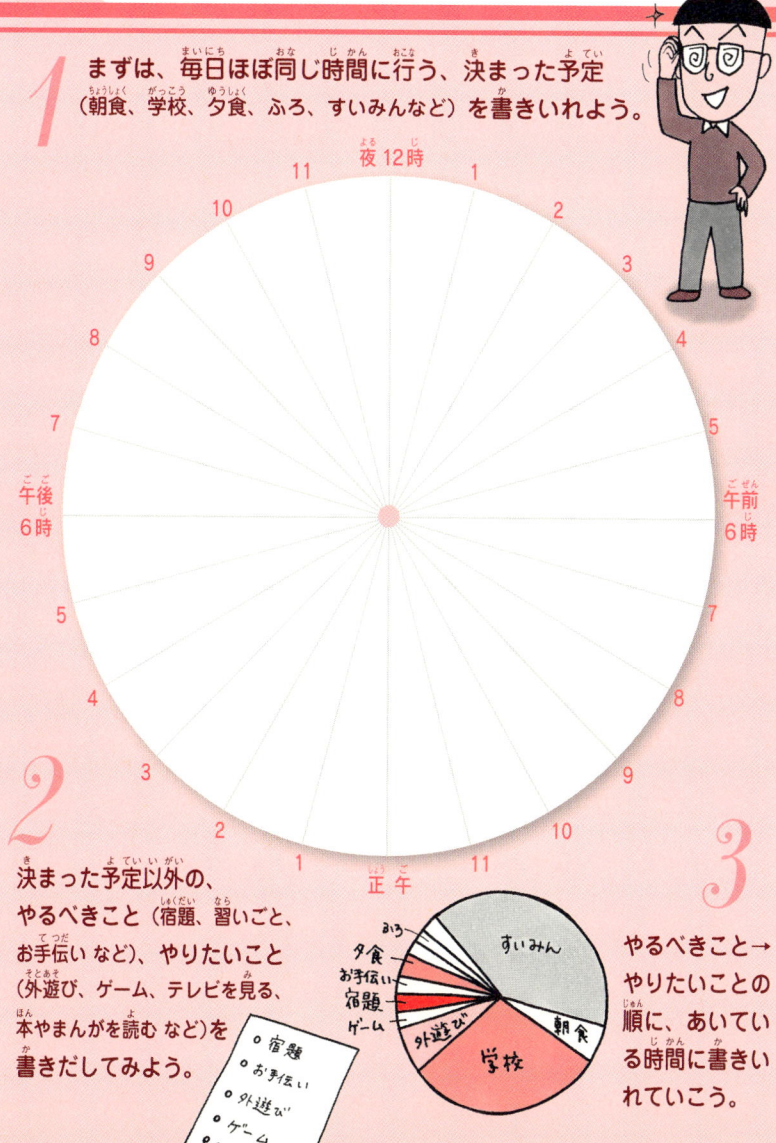

ステップ5 ②
TO《トゥー》 DO《ドゥー》 リストでやることチェック！
たまちゃんきょうの宿題《しゅくだい》なんだったっけ？
漢字《かんじ》と計算《けいさん》ドリルと音読《おんどく》だよ
けっこう多《おお》いよね
きょうはお母《かあ》さんがお出《で》かけだからお手伝《てつだ》いもたのまれてるんだよね〜
やることが多《おお》すぎてちゃんとおわらせられるか心配《しんぱい》だよ
そういうときはTO《トゥー》 DO《ドゥー》リストを作《つく》るといいのさ
トゥードゥー？どっかの国《くに》の鳥《とり》の名前《なまえ》？
ガクッ
それはドードー鳥…
ちがうよベイビー…
やるべきことを書《か》きだしたメモのことさっ

TO DO《トゥー ドゥー》リスト

やるべきこと	順位《じゅんい》	✓
洗《せん》たくものをとりこみ、たたむ	5	
湯船《ゆぶね》を洗《あら》い、お湯《ゆ》をためる	6	
漢字《かんじ》	1	
計算《けいさん》	2	
音読《おんどく》	3	
あしたの準備《じゅんび》	4	

❶やるべきことをかんたんに短《みじか》く書《か》いてみよう

❷すべて書《か》きだしたら、大事《だいじ》なことや急《いそ》ぐことから優先順位《ゆうせんじゅんい》をつけてみよう

❸チェックらんを作《つく》り、おわったらチェックをしよう

すごいっ！
これでひと目《め》でやらなきゃいけないことがわかるね！
ポイントは優先順位《ゆうせんじゅんい》をつけることさ
大事《だいじ》なことから順番《じゅんばん》に片《かた》づけていけるからね

やる気《き》が出《で》ないときはできそうなことからはじめてもいいの?
もちろんさベイビー
できることからやってリストにチェックを入《い》れていけばやらなきゃいけないことが残《のこ》っていやでも目立《めだ》つから
それでもいいのさ
マンガよみ
計算ドリル
やりおえたものをチェックしていくのって達成感《たっせいかん》があって気持《きも》ちよさそう
うん
ボクもきょうは予定《よてい》が多《おお》いからTO《トゥー》 DO《ドゥー》リストを作《つく》ったのさ
TO《トゥー》 リスト
順位《じゅんい》
やるべきこと
装パーティー招待客名簿チェック
4
5
最新夏服マリンルック試着
3
ロカビリーの練習
1
2
漢字
6
計算
7
おっときょうは夏用《なつよう》のエスニックなインテリアもえらぶ日《ひ》だったよ
ヒデじいが車《くるま》で待《ま》っているからお先《さき》に失礼《しつれい》するよ
充実《じゅうじつ》してるね花輪《はなわ》クン…

書《か》きこみ式《しき》5　自分《じぶん》だけのTO《トゥー》 DO《ドゥー》リスト

「TO《トゥー》 DO《ドゥー》 リスト」とは、やるべきことを書《か》きだしたリストのこと。
書《か》きだしてみると、なにをどれだけやらないといけないのかが
ひと目《め》でわかるよ。

1. やるべきことを書《か》きだす
2. すべて書《か》きだしたら、大事《だいじ》なことや急《いそ》ぐことから優先順位《ゆうせんじゅんい》をつける
3. やりおえた項目《こうもく》に✔を書《か》きいれよう

TO《トゥー》 DO《ドゥー》リスト

やるべきこと	順位《じゅんい》	✔
洗《せん》たくものたたみ	2	
音読《おんどく》(ごんぎつね)	1	✔

TO《トゥー》 DO《ドゥー》リスト

やるべきこと	順位《じゅんい》	✔

コラム 11

持《も》ちものリストでわすれものなし

遠足《えんそく》

□ ぼうし

□ 動《うご》きやすい服《ふく》、くつ

□ うす手《で》の上着《うわぎ》
（気温《きおん》によって着《き》たりぬいだり
できるように）

□ リュック

↓

リュックの中身《なかみ》

□ 遠足《えんそく》のしおり

□ ハンカチ・ティッシュ

□ エチケットぶくろ
（すぐ取《と》りだせるようポケットに）

□ 弁当《べんとう》

□ 水筒《すいとう》

□ おしぼり

□ おかし

□ ビニールシート

□ レインコート

だれでも、わすれものをしてしまうことってあるよね。
必要《ひつよう》なものをリストにしてチェックすれば、わすれものをふせげるよ。
当日《とうじつ》の朝《あさ》はどうしてもいそがしくなってしまうので、
前日《ぜんじつ》に準備《じゅんび》するなどして、当日《とうじつ》の自分《じぶん》を助《たす》けよう！

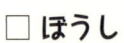

宿泊《しゅくはく》

□ バッグ

（荷物《にもつ》の量《りょう》に応《おう》じてボストンバッグやデイパックなどを準備《じゅんび》）

バッグの中身《なかみ》

BODY SOAP

□ 服《ふく》（着替《きが》えやパジャマ、下着《したぎ》を日数分《にっすうぶん》そろえる）

□ 洗面用具《せんめんようぐ》（歯《は》みがきセット、タオル、石《せっ》けんなど）

□ 筆記用具《ひっきようぐ》

□ 遊《あそ》び道具《どうぐ》、本《ほん》など

□ 水筒《すいとう》

□ 必要《ひつよう》な額《がく》のお金《かね》

□ ハンカチ・ティッシュ

□ レインコートまたは折《お》りたたみがさ

おもちゃ持《も》っていこうかな〜
いやいらないでしょ

★予備《よび》のものや最後《さいご》に使《つか》うもの
（レインコートや翌日《よくじつ》の服《ふく》など）を底《そこ》に。
★すぐに使《つか》うもの（ハンカチ・ティッシュ、
行《い》きの電車《でんしゃ》で読《よ》む本《ほん》など）を上《うえ》に。
★帰《かえ》りにもわすれものをしないよう、
このリストでもう一度《いちど》チェックしよう！

ステップ5 ③

長《ちょう》期《き》休《やす》み計《けい》画《かく》表《ひょう》を作《つく》ろう

まる子《こ》の8月《がつ》31日《にち》
日記《にっき》……
8月《がつ》3日《みっか》から
真《ま》っ白《しろ》で
家族《かぞく》に手伝《てつだ》わせる
8月3日
8月4日
自由研究《じゆうけんきゅう》……
あさがおが枯《か》れて
ごまかす
宿題《しゅくだい》……
ほとんど
やっていない
工作《こうさく》……
大急《おおいそ》ぎで
おわらせる
サー…
どうしよう！
宿題《しゅくだい》がおわらなくて
たいへんな目《め》に
あったんだった…！
えっ…
夏休《なつやす》みの宿題《しゅくだい》って
読書感想文《どくしょかんそうぶん》とか
自由研究《じゆうけんきゅう》とか
いっぱいありすぎて
あと回《まわ》しにしちゃうん
だよ…
そう
なんだ…
どうしよう
どうしよう
あと回し
あと回しっ
クックックッ…
そんなときは計画表《けいかくひょう》を
作《つく》るといいよ…
野口《のぐち》さん!?
わたしは
計画表《けいかくひょう》を作《つく》って
早《はや》めに宿題《しゅくだい》を
おわらせるように
しているよ
お笑《わら》いの
研究《けんきゅう》のために
えっ…

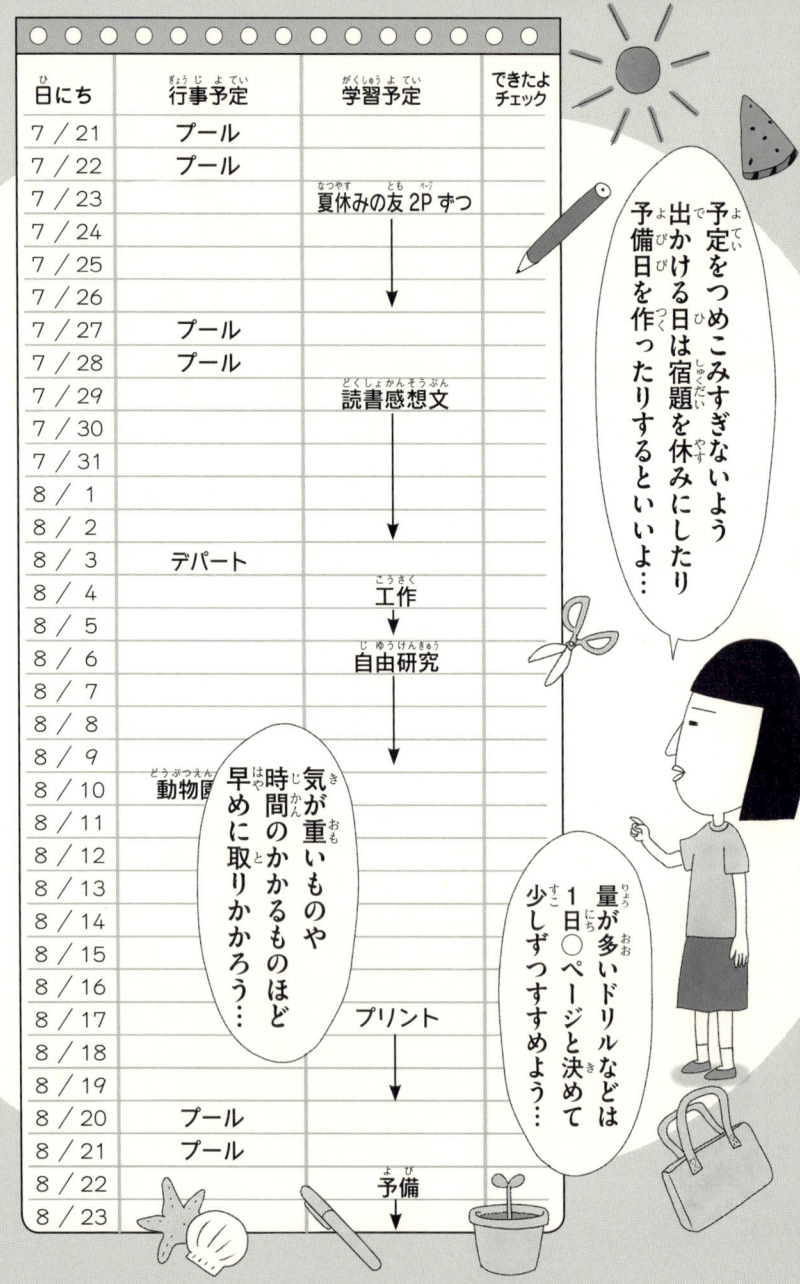

日《ひ》にち	行事《ぎょうじ》予定《よてい》	学習《がくしゅう》予定《よてい》	できたよチェック
7／21	プール		
7／22	プール		
7／23		夏休《なつやす》みの友《とも》 2P《ページ》ずつ	
7／24			
7／25			
7／26			
7／27	プール		
7／28	プール		
7／29		読書感想文《どくしょかんそうぶん》	
7／30			
7／31			
8／1			
8／2			
8／3	デパート		
8／4		工作《こうさく》	
8／5			
8／6		自由研究《じゆうけんきゅう》	
8／7			
8／8			
8／9			
8／10	動物園《どうぶつえん》		
8／11			
8／12			
8／13			
8／14			
8／15			
8／16			
8／17		プリント	
8／18			
8／19			
8／20	プール		
8／21	プール		
8／22		予備《よび》	
8／23			

おおー
わかりやすいよ
野口《のぐち》さん！
でも
決《き》めたとおりに
ちゃんと
すすめられるか
心配《しんぱい》…
わたしは計画《けいかく》どおりに
できた日《ひ》には
好《す》きなシールをはって
楽《たの》しい表《ひょう》にしているよ…
あっ
ヘン顔《がお》シール！
いいね！
ほんとうに!?
でもさ～
ヘン顔《がお》シールの力《ちから》を
もってしても
なかなかやる気《き》が
出《で》ないときも
あると思《おも》うんだよね～
そりゃ
そうだよ…
そんなときは
5分《ふん》やったら
5分休《ふんきゅう》けいと決《き》めて
とりあえず
5分《ふん》だけやることを
くり返《かえ》していけば
そのうち やる気《き》が
出《で》てくるらしいよ…
へえ！

そっか5分《ふん》ならなんとかできそうな気《き》がするなあ
たった5分だ!
5分!
わたしは宿題《しゅくだい》がおわったらお笑《わら》いの本《ほん》を読《よ》んでいいことにしたら宿題《しゅくだい》がはかどるようになったよ…
まる子《こ》は宿題《しゅくだい》がおわったらまんがを読《よ》めることにしようかなあ!
りぼん
やる気《き》が出《で》てはかどったら時間《じかん》もあまってよさそうだね
そういうこと…
やる気《き》のある日《ひ》とない日《ひ》はだれにでもあるから
きょう
やる気《き》の出《で》ないわたしなら
ゆっくり…
あした
やる気《き》のあるわたしなら
あしたの分《ぶん》までやっちゃう!
やる気《き》のある日《ひ》の自分《じぶん》がリードしてできることをすませておけばあとがらくだよ…

それじゃあ
こんなのはどう?
まる子《こ》はいつもギリギリに
なっちゃうから
プリント
ここまでに!
がんばって
しめきりを
早《はや》めに設定《せってい》して…
やっぱり
このへんにっ
時間《じかん》があいたときに
どんどん片《かた》づけ
ちゃうの!
8月
ヒマだから
もっと宿題やっちゃおうっ
いいんじゃないの
予定《よてい》より早《はや》く
おわらせられそうだよ
宿題《しゅくだい》って ためると
どんどんいやに
なってきて
ますますやらなく
なっちゃうんだよね
たまちゃんも
わかるんだ!

計画表《けいかくひょう》があれば宿題《しゅくだい》を早《はや》くおわらせられそうだよ…！
そしたららくになるのがひと目《め》でわかるね！
よ〜し今年《ことし》の夏《なつ》は早《はや》めに宿題片《しゅくだいかた》づけていっぱい遊《あそ》ぶぞ！
そうだね！
たまちゃんいっぱい遊《あそ》ぼうよ
うん！
町内《ちょうない》のお祭《まつ》りも行《い》こう！うちにも来《き》てよ！
野口《のぐち》さんありがとう…野口《のぐち》さんもいっしょに遊《あそ》ぼうね！
いやさくらさんが計画《けいかく》どおりに勉強《べんきょう》するとは思《おも》えないから…
わたしの予定《よてい》にさくらさんは入《い》れないでおくよ…
じゃあがんばって…
うっ…

書《か》きこみ式《しき》 6

長《ちょう》期《き》休《やす》み 計《けい》画《かく》表《ひょう》

1. まずは休《やす》み中《ちゅう》の目標《もくひょう》を決《き》めよう！
2. 決《き》まっている外出《がいしゅつ》、遊《あそ》びや旅行《りょこう》の予定《よてい》を書《か》きいれよう。
3. 1日《にち》にどれくらいずつやれば休《やす》み中《ちゅう》におわるかを考《かんが》えて、宿題《しゅくだい》や勉強《べんきょう》を、予定表《よていひょう》に書《か》きいれよう。

目標《もくひょう》

日《ひ》にち	行事予定《ぎょうじよてい》	学習予定《がくしゅうよてい》	できたよチェック
7／21（土《ど》）	プール	計算《けいさん》ドリル11～12P《ページ》	□
／（　）			□
／（　）			□
／（　）			□
／（　）			□
／（　）			□
／（　）			□
／（　）			□
／（　）			□
／（　）			□
／（　）			□
／（　）			□
／（　）			□

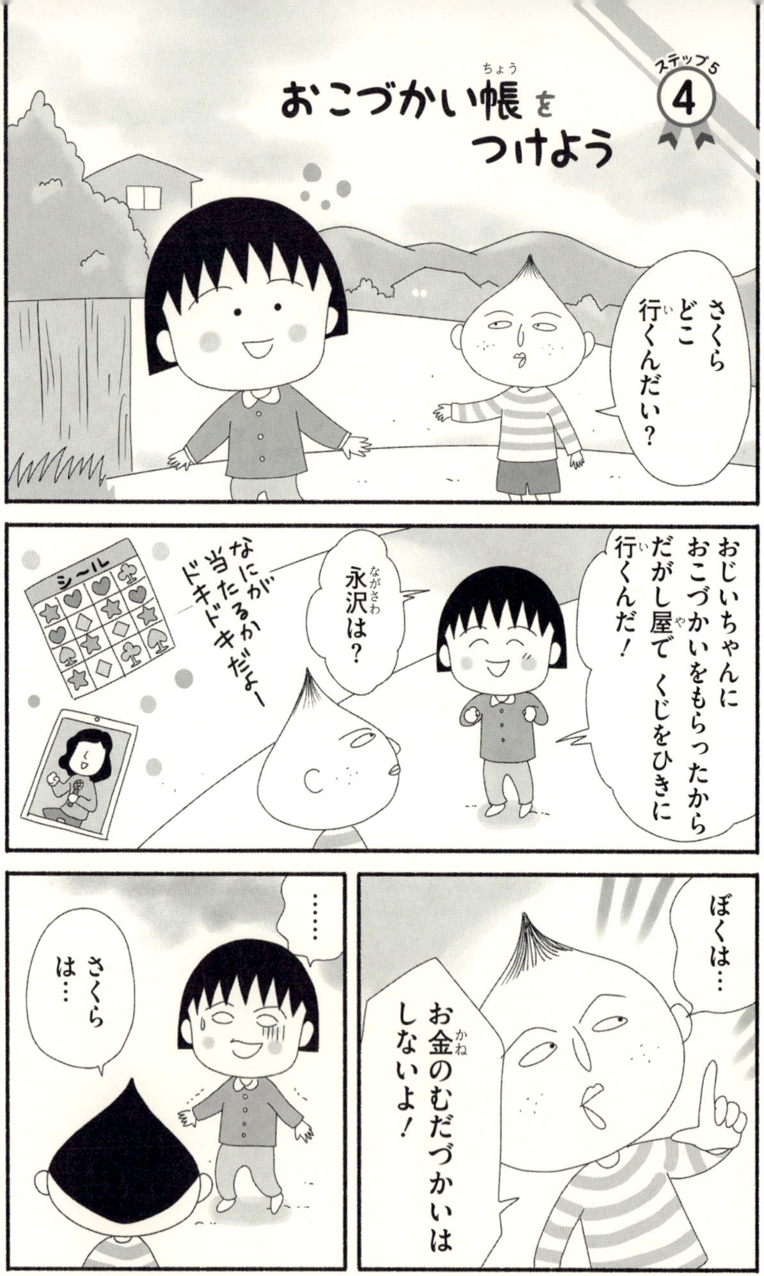

ステップ5
4
おこづかい帳《ちょう》をつけよう
さくら どこ 行《い》くんだい？
おじいちゃんに おこづかいをもらったから だがし屋《や》で くじをひきに 行《い》くんだ！
永沢《ながさわ》は？
なにが当たるかドキドキだよー
シール
ぼくは…
お金《かね》のむだづかいは しないよ！
……
さくらは…

きみの意志《いし》で今《いま》これがほしい!というものはないのかい!?
う〜ん…手品《てじな》セットはほしいけど
高《たか》くてぜんぜんお金《かね》が足《た》りないからなあ…
ぜんぜん!? いったいどうやっておこづかいを管理《かんり》してるんだい!?
うっ
ぼくは今《いま》ほしいプラモデルを買《か》うためにおこづかい帳《ちょう》をつけてるのさ…
お…おこづかい帳《ちょう》!?
そうさ確実《かくじつ》にプラモデルを手《て》に入《い》れるためにね

お金《かね》をもらったり
使《つか》ったりしたら
わすれないうちに書《か》くのさ
おこづかいは
全部《ぜんぶ》使《つか》い切《き》らなくても
よいので
残《のこ》った分《ぶん》を貯金《ちょきん》するよ

日《ひ》にち	ことがら	入金《にゅうきん》	出金《しゅっきん》	残金《ざんきん》
7/1	おこづかい	300		300
/6	ノート		120	180
/13	おかし		60	120
/20	おじいちゃんから	100		220
	合計金額《ごうけいきんがく》	400円《えん》	180円《えん》	220円《えん》

おこづかいって
全部《ぜんぶ》使《つか》い切《き》らなくても
いいんだ！
当《あ》たり前《まえ》だろう…

お金《かね》をためたいなら買《か》う前《まえ》に本当《ほんとう》に必要《ひつよう》かどうか考《かんが》えて必要《ひつよう》ないものは買《か》わないことだね
ストックやにたようなものがあるかも…
NOTE
シール
Candy
夕飯前におやつ？
永沢《ながさわ》すごいね見直《みなお》したよ…！
おーい永沢《ながさわ》ー
だがし屋《や》でくじをひきたいけどさいふわすれたから10円《えん》かしてくれよ
浜崎《はまざき》くん友《とも》だちとお金《かね》のかしかりはトラブルのもとだからしないほうがいいよ
そうかワリイワリイ
まったくきみたちの金銭感覚《きんせんかんかく》はわからないよ
永沢《ながさわ》しっかりしてるな
さくらはくじひくのか？なにが当《あ》たったか見《み》せてくれよ

くじもひきたいし おかしも食《た》べたかった けど
やっぱり永沢《ながさわ》を 見習《みなら》って わたしも貯金《ちょきん》するよ
えーっ すげーじゃーんっ
毎月《まいつき》100円《えん》でも 節約《せつやく》して 貯金《ちょきん》すれば けっこう大《おお》きな額《がく》に なるもんね
毎月
100
×
12か月
=
1000
100
100
そして 手品《てじな》セットを 手《て》に入《い》れるよ!
目標《もくひょう》があると たまりやすそうだな!
ふーんっ
ぼくが プラモデルを 買《か》うのが早《はや》いか さくらが手品《てじな》セットを 買《か》うのが早《はや》いか 競争《きょうそう》だな
まあ 負《ま》ける気《き》は しないけどね
せいぜい がんばれよ
くっ くやしいけど 勝《か》てる気《き》がしないよ…

書《か》きこみ式《しき》 7　おこづかい帳《ちょう》

お金《かね》をむだづかいしないよう、おこづかい帳《ちょう》をつけよう！

1. 日《ひ》にちを書《か》きいれよう。
2. 「おこづかい」「ノート代《だい》」など、だれからもらったか、なにに使《つか》ったかを「**ことがら**」に書《か》きいれよう。
3. もらった金額《きんがく》は「**入金**《にゅうきん》」に、使《つか》った金額《きんがく》は「**出金**《しゅっきん》」に、残《のこ》った金額《きんがく》は「**残金**《ざんきん》」に書《か》きいれよう。

例《れい》

日《ひ》にち	ことがら	入金《にゅうきん》	出金《しゅっきん》	残金《ざんきん》
8／1	くりこし（前《まえ》の月《つき》の残金《ざんきん》）			500
8／1	おこづかい	300		800
8／3	アイス		120	680

月《がつ》

日《ひ》にち	ことがら	入金《にゅうきん》	出金《しゅっきん》	残金《ざんきん》
／				
／				
／				
／				
／				
／				
／				
／				
	合計金額《ごうけいきんがく》	円《えん》	円《えん》	円《えん》

ステップ 5

頭《あたま》の中《なか》も整《せい》理《り》整《せい》とん まとめ

計《けい》画《かく》表《ひょう》を書《か》いて時《じ》間《かん》の使《つか》いかたを考《かんが》えよう。

おこづかい帳《ちょう》をつけてみよう。

これでばっちり！
おこづかいちょう

夏休《なつやす》みの目標《もくひょう》を書《か》きましょう
早《はや》ね早《はや》起《お》きをがんばりたいです…と
宿題《しゅくだい》を必《かなら》ずおわらせる…と
南極《なんきょく》へ行《い》って南極《なんきょく》の氷《こおり》をうかべたジュースを飲《の》む…と
目標《もくひょう》のスケールがちがう花輪《はなわ》クンであった

ステップ5 頭《あたま》の中《なか》を整理《せいり》整《せい》とんすると、こんな力《ちから》が身《み》につく!

自分《じぶん》のことは自分《じぶん》で管理《かんり》する力《ちから》がつく。

うわばきは自分《じぶん》で洗《あら》おう!
ゴシゴシ

自分《じぶん》の洗《せん》たくものはたたもう!

目標《もくひょう》を立《た》て、それに向《む》け見通《みとお》しを持《も》って活動《かつどう》に取《と》り組《く》むことができる。

ぜったいサッカー選手《せんしゅ》になるぞ!

大《おお》そうじの歴史《れきし》

しめかざり

みんなは、年末《ねんまつ》の大《おお》そうじを手伝《てつだ》ったことはあるかな？

年末《ねんまつ》ってなにかといそがしいし、寒《さむ》いし水《みず》は冷《つめ》たいし……「どうして大《おお》そうじは年末《ねんまつ》って決《き》まっているんだろう」って、思《おも》ったことはない？

実《じつ》は、日本《にほん》で年末《ねんまつ》に大《おお》そうじをする習慣《しゅうかん》は、なんと今《いま》から1000年《ねん》以上《いじょう》も前《まえ》、平安《へいあん》時代《じだい》からあったらしいんだ。昔《むかし》は家《いえ》の中《なか》のいろりでたきぎをもやしていて、天井《てんじょう》やかべにすすがたまるので、天皇《てんのう》の住《す》む宮中《きゅうちゅう》では年末《ねんまつ》に「すす払《はら》い」という行事《ぎょうじ》が行《おこな》われていたんだって。

江戸《えど》時代《じだい》には、幕府《ばくふ》が江戸城《えどじょう》のすす払《はら》いを12月《がつ》13日《にち》に行《おこな》うと決《き》め、それが広《ひろ》まっていったよ。ただのそうじというよりも、「新年《しんねん》に神様《かみさま》をおむかえするための準備《じゅんび》」としての大事《だいじ》な行事《ぎょうじ》だったんだ。

今《いま》でも大《おお》そうじのあと、げんかんに「しめかざり」をかざるよね。しめかざりは神様《かみさま》が家《いえ》をおとずれるときの目印《めじるし》で、その家《いえ》が清《きよ》められているあかしなのだそう。

一年《いちねん》の厄《やく》（災難《さいなん》）を落《お》とし、心《こころ》をきれいにして、運気《うんき》を呼《よ》びこむ力《ちから》があるとされている大《おお》そうじ。さあ、年末《ねんまつ》には大《おお》そうじをして、気持《きも》ちよく新年《しんねん》をむかえよう！

エピローグ
すてきな部屋《へや》へようこそ
そわ そわ
来《き》たっ
ピンポーン
こんにちはー
まるちゃん おたんじょう日《び》 おめでとーう
ありがとう みんな! へへっ なんだか てれるね
じゃ まる子《こ》の部屋《へや》へ どうぞ
はい セニョリータ

バラ…？
相変《あいか》わらずキザだねえ
花輪《はなわ》クン
その1本《ぽん》には
意味《いみ》があるのさ
楽《たの》しみにしてておくれ
ベイビー
お片《かた》づけした
部屋《へや》に入《はい》って
いい？
どうぞ！
わー
まるちゃんのお部屋《へや》
きれいー！
さくらさんは
整理整《せいりせい》とんを
がんばっていた
そうですね
机《つくえ》の中《なか》を拝見《はいけん》しても
よろしいでしょうか？
いいよ！
ひきだしの
整《せい》とんも
がんばったんだ〜

ほほう!
これはズバリ
使《つか》いやすそうですね
あとは解答用紙《かいとうようし》に
答《こた》えをおさめれば
カンペキでしょう
国語
算数
理科
さんすう
ほめてくれるのは
うれしいけど
ひとこと よけいだよ
ラベルがはってあるから
どこになにがあるか
すぐにわかるね…
ふーん
ぬいぐるみ
おままごと
ゲー
どうぞ
ご自由に
いいアイデアだ
まねさせてもらうよ
ベイビー
まるちゃん これ
プレゼント
はい!
ありがとう!
わー どっちも
ほしかったものだ!
さくらサン
これは母《はは》がわたしに
持《も》たせたものです
ありがとう!
ピンクの
ポロシャツ!
早《はや》く着《き》たいよ!

ズバリわたしと色《いろ》ちがいペアルックになるでしょう…
まる子《こ》ー宅配便《たくはいびん》で花《はな》がとどいたわよー
花輪《はなわ》クンから？なんでわざわざ？
From 花輪
さっきの１本《ぽん》を足《た》してごらんよ…
合計《ごうけい》９本《ほん》！キミの年《とし》の数《かず》だけおくったのさ
ハッピーバースデイベイビー
あ…ありがとう…
お待《ま》たせたんじょう日《び》ケーキよ
わーいっ
おいしーっ
あーおいしかったおなかいっぱい！
じゃあ次《つぎ》はゲームでもやろうか！
やろやろ！

今《いま》待《ま》って出《だ》すね
ゲームはここ
トランプはここ
おままご
ゲーム
あっこれ読《よ》みたかったまんが！
全巻《ぜんかん》そろってるからいつでもかすよ！
ズバリいたれりつくせりでしょう
ホントだね

まるちゃん
きょうはありがとう！
ばいばーーいっ
あした
学校《がっこう》でね！
楽《たの》しかったね！
まるちゃんち
また来《き》たいね！
……！
うんっ
さあ
お片《かた》づけしよう！
片《かた》づけるの
手伝《てつだ》うよ
ものの場所《ばしょ》が
決《き》まってるから
だいじょうぶ！
ありがとう！
たまちゃんから
もらったものは
宝箱《たからばこ》
かよちゃんからのは
おもちゃ箱《ばこ》へ
ぬい
おま

このリボンも字《じ》のとこだけ切《き》ってとっておこう
キレイだよ
花輪
無事《ぶじ》にたんじょう会《かい》もできて部屋《へや》も片《かた》づいて
自分《じぶん》の部屋《へや》が大好《だいす》きになったよ!
部屋《へや》にあるものは大好《だいす》きなものばっかりだしなんだか幸《しあわ》せだな〜
ごろんっ
まる子《こ》ーそろそろごはんよー
はーい

――おわり――

満点《まんてん》ゲットシリーズ せいかつプラス

ちびまる子《こ》ちゃんの 整《せい》理《り》整《せい》とん

2018年11月10日　第1刷発行

●キャラクター原作／さくらももこ

●監修／沼田晶弘

●ちびまる子ちゃんまんが・カット／菊池朋子、倉沢美紀、マスヤマフミコ

●カバー・表紙・総扉イラスト／小泉晃子

●カバー・表紙・総扉デザイン／曽根陽子

●本文デザイン／I.C.E

●写植・製版／昭和ブライト写植部

発行人　北畠輝幸

発行所　株式会社　集英社

〒101-8050　東京都千代田区一ツ橋２丁目５番地10号

電話【編集部】03-3230-6024

【読者係】03-3230-6080

【販売部】03-3230-6393（書店専用）

印刷・製本所　大日本印刷株式会社

ISBN 978-4-08-314069-3 C8337

『ちびまる子ちゃん』の作者・さくらももこ先生が2018年8月15日にご逝去されました。謹んでご冥福をお祈りいたします。

　ちびまる子ちゃんたちは、これからもずっと、子どもたちに学ぶ楽しさを伝えつづけてくれることでしょう。

　カバー折り返し部分のさくらももこ先生のコメントは、2018年7月にお寄せいただいたものです。